NHK
プロフェッショナル
仕事の流儀

3

創造するプロフェッショナル

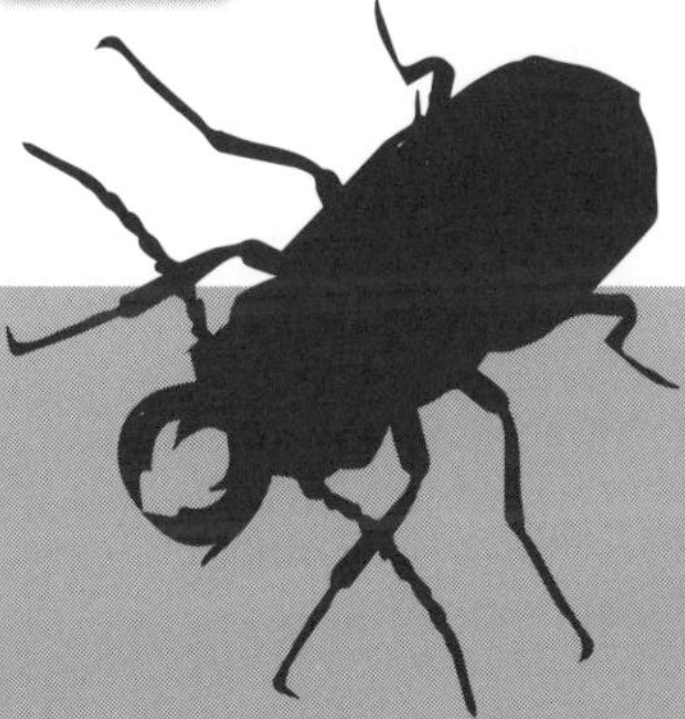

編：NHK「プロフェッショナル」制作班

NHK プロフェッショナル 仕事の流儀 3

創造するプロフェッショナル

目次

はじめに 4

常識《じょうしき》を超《こ》え、独創《どくそう》を極めよ
発明家 道脇《みちわき》裕《ひろし》 5

未来を拓《ひら》く、希望のサイボーグ
ロボット研究 山海《さんかい》嘉之《よしゆき》 43

ゆっくりでも、止まらなければ、けっこう進む
工学博士　國《くに》中《なか》均《ひとし》
83

独《どく》創《そう》力《りょく》こそ、工場の誇《ほこ》り
町工場経《けい》営《えい》者《しゃ》　竹《たけ》内《うち》宏《ひろし》
119

突《つ》きつめたものにこそ、魅《み》力《りょく》は宿る
フィギュアメーカー社長　宮《みや》脇《わき》修《しゅう》一《いち》
155

はじめに

このシリーズは、ＮＨＫで放送された番組『プロフェッショナル 仕事の流儀《りゅうぎ》』を書籍《しょせき》にまとめなおしたものです。

番組では、さまざまな分野の第一線で活躍《かつやく》しているその道のプロフェッショナルたちの「仕事」をほり下げ、プロフェッショナルたちの仕事にのぞむ姿勢《しせい》や、その生き方をつらぬく「流儀《りゅうぎ》」を紹介《しょうかい》しています。

３巻《かん》「創造《そうぞう》するプロフェッショナル」では、常識《じょうしき》にとらわれない発想で時代を切り開き、これまでにない新しいものをつくりだした、５人のプロフェッショナルたちが登場します。

プロフェッショナルたちの仕事にのぞむ姿勢《しせい》や考え方をとおして、仕事の奥深《おくぶか》さ、働くということの魅力《みりょく》、プロフェッショナルたちの生き方の流儀《りゅうぎ》を伝えられればと思います。

ストーリーの最後には、プロフェッショナルたちの格言《かくげん》をのせています。プロフェッショナルたちのことばが、これからを生きるみなさんの道しるべになることを願います。

「創造《そうぞう》するプロフェッショナル」編集部《へんしゅうぶ》

常識《じょうしき》を超《こ》え、独創《どくそう》を極めよ

発明家
道脇裕《みちわきひろし》

人は彼《かれ》を、「天才」とよぶ。
2000年のあいだ世界中のだれもつくれなかった「ゆるまないネジ」を、
男は、その頭脳《ずのう》でつくり上げた。
でも彼《かれ》は、小学校すらまともにかよっていない。
生きる意味がわからずに、小学5年で学校を休んだ。
人生を変えたのは、19歳《さい》のときの交通事故《こうつうじこ》。
その原因《げんいん》が、男を発明家の道へと進ませた。
常識《じょうしき》を超《こ》えたアイデアで、不可能《ふかのう》を可能《かのう》にしてしまう人。
新たに舞《ま》いこんだ注文は奇想天外《きそうてんがい》。
「ゆるんで欲《ほ》しくないけど、ゆるめたい。そんなネジをつくって欲《ほ》しい」
むずかしい課題でも、男はこたえがでるまで考え続ける。
それが自分の使命だから。

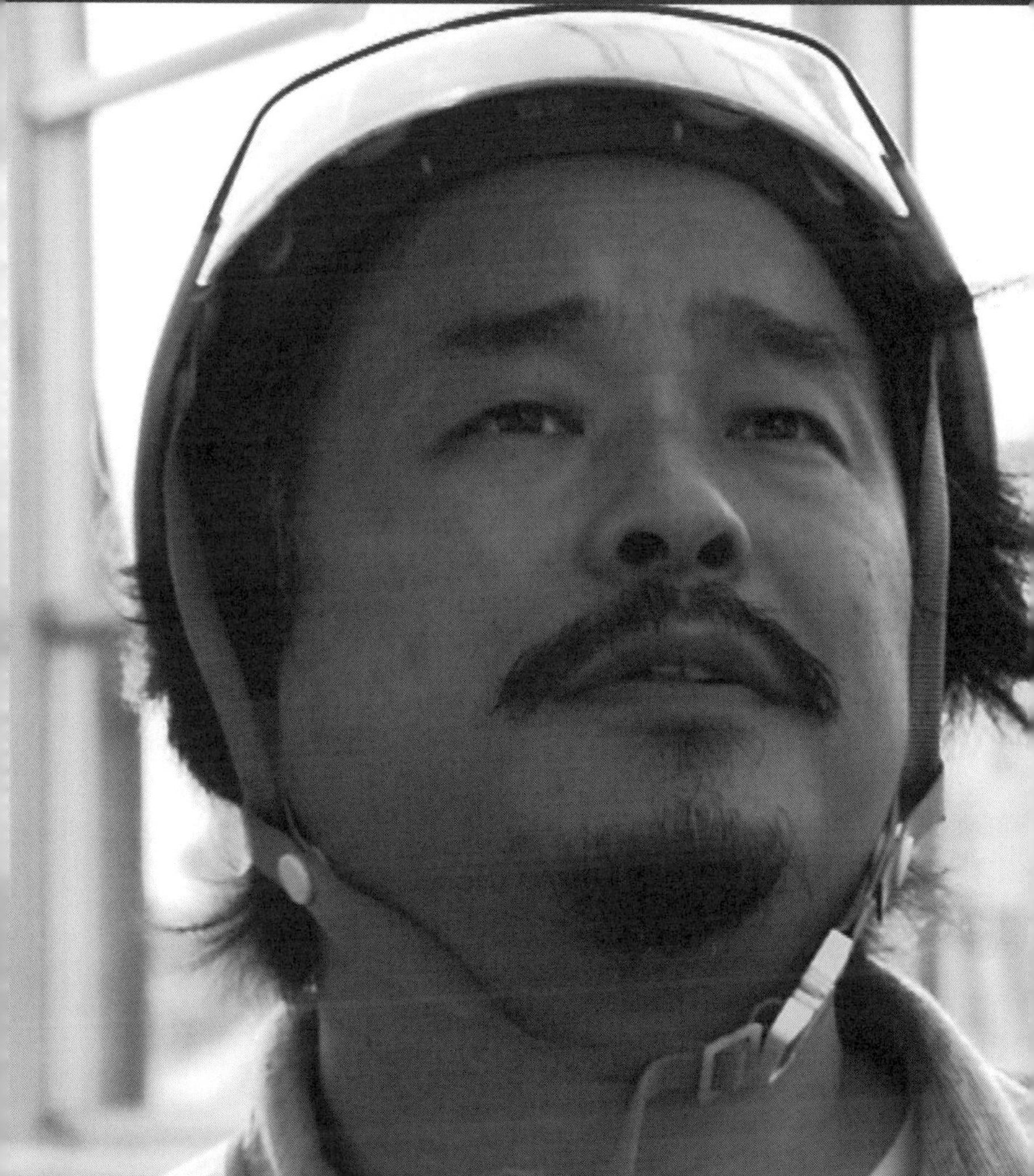

✴自由な発想の発明家

東京都品川区《とうきょうとしながわく》にある、とあるベンチャー企業《きぎょう》。その人はオフィスにつくなり、社員の設計士《せっけいし》をよびました。

「片手《かたて》でしめていって完全にしめ切ると完了《かんりょう》、というようなタイプのネジで……」

テーブルにはペットボトルのレモンティーが3本。「頭をつかっていると脳《のう》が糖《とう》質《しつ》を欲《ほ》しがる」という彼《かれ》にとって、手ばなせないエネルギー源《げん》です。

「じゃあ、ざっくり」

そう言うと立ち上がり、壁《かべ》のホワイトボードにアイデアを図にしてえがきはじめました。

その人は道脇裕《みちわきひろし》さん。この会社を立ち上げた発明家です。

「こんな感じで、ぎゅうぎゅうしめているうちにしまってきて、そうすると力のない手でしめても、たぶんゆるまない状態《じょうたい》になる」

「うん。うん」

常識《じょうしき》を超《こ》え、独創《どくそう》を極めよ

道脇裕《みちわきひろし》

設計士《せっけいし》は話を聞きながらうなずきます。それは、かつてないネジの仕組みでした。

「いつ考えついた？　さっき？」

設計士《せっけいし》が聞くと、

「いやいや、いま」

と道脇《みちわき》さん。道脇《みちわき》さんにとって発明は、息をすることと同じなのです。電車に乗っていても、歩いていても、どんどん考えがわいてきます。中には、「なんの役に立つんだろう？」というアイデアも浮《う》かんできますが、道脇《みちわき》さんは、自分の脳《のう》に、自由に発想させておきます。

そんな発想をもとに、道脇《みちわき》さんが世界をおどろかせたのは、２０１４年。発明したのは１本のネジでした。

それは、一度しめたらちょっとやそっとではゆるまないネジ。こわさないかぎりはずせないネジでした。

一般的《いっぱんてき》なネジは、どんなにかたくしめても、振動《しんどう》や衝撃《しょうげき》などを受けることによって、必ずじょじょにゆるんできます。それは避《さ》けようのないことでした。

しかしそのゆるみが、ときに大きな事故《じこ》をひきおこします。

たとえば、２００７年に沖縄《おきなわ》の那覇《なは》空港《くうこう》でおきた航空機の炎上事故《えんじょうじこ》。外れたネジが、燃料《ねんりょう》タンクを直撃《ちょくげき》したことが原因《げんいん》でした。２０１２年、中央自動車道の笹子《ささご》トンネル内で突然天井板《とつぜんてんじょうばん》がくずれ落ちた事故《じこ》も、天井《てんじょう》につかわれていたネジが、古くなって脱落《だつらく》したためにおきました。多数の車が下じきになり、多くの人が亡《な》くなったり、けがをしたりしました。ネジのゆるみが原因《げんいん》でおきたとされる事故《じこ》は、日本国内だけで毎年70件《けん》以上にも上るのです。

このような事故《じこ》をおこさないためには、大変な労力とお金をかけて、ネジのようすを定期的に点検《てんけん》する必要があります。道脇《みちわき》さんの発明した「ゆるまないネジ」は、こうした問題の解決《かいけつ》につながったのです。

そもそも、なぜネジがしまるか知っていますか？

ネジは、円柱や円すいの形をした金属《きんぞく》の表面に、らせん状《じょう》の溝《みぞ》をつけたものです。「ボルト」のように、円柱などの外側に溝《みぞ》があるものを「雄《お》ネジ」といい、「ナット」

のように、内側に溝《みぞ》があるものを「雌《め》ネジ」とよび、必ず一対でつかいます。そして、溝《みぞ》をつけたときにできる突起《とっき》は「ネジ山」とよんでいます。

たとえば、鉄の板をあいだにはさんで、そこにあけた穴《あな》にボルトを入れ、その先にナットをつけて、ナットをくるくると回していったとしましょう。ナットは、回転しながら移動《いどう》し、鉄板にふれると、その先へは進まなくなります。それでもまだ力を入れてしめると、ネジはしまります。

このとき、もうそれは人の目には見えないレベルの話なのですが、ボルトはナットにひっぱられて、長さがほんの少しのびて

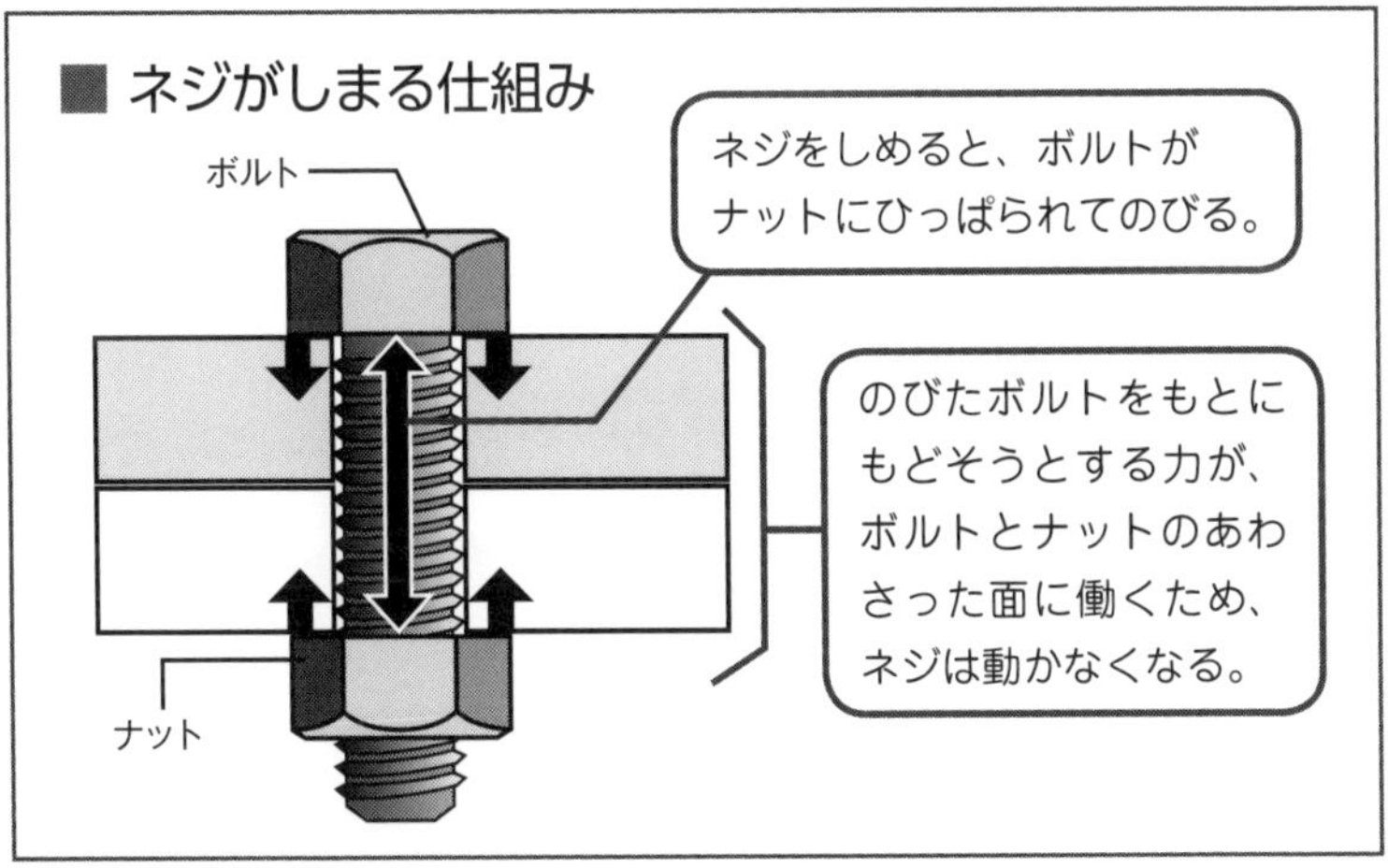
■ ネジがしまる仕組み
ボルト
ナット
ネジをしめると、ボルトがナットにひっぱられてのびる。
のびたボルトをもとにもどそうとする力が、ボルトとナットのあわさった面に働くため、ネジは動かなくなる。

います。そして、のびたボルトはもとの長さに縮《ちぢ》まりたいと反発します。その力がボルトとナットのあわさった面に働いて、ネジはかたくしまるのです。

でも、「かたくしまった」といっても、正しくは「ゆるみにくくなった」だけ。振動《しんどう》や温度の変化などで、その力は弱くなり、ネジは自然とゆるんできます。

ところが道脇《みちわき》さんはひらめきました。

「ネジにきざまれているらせんをくふうしよう」

1本のボルトに、ナットを右回りに回すとしまるネジ山と、左回りに回すとしまるネジ山を、特殊《とくしゅ》な技術《ぎじゅつ》で一体化させたのです。

そのボルトに、右回しでしまるナットと左回しでしまるナットをそれぞれの方向でしめれば、振動《しんどう》などの力が加わっても、ふたつのナットは逆《ぎゃく》の動きをするため、絶対《ぜったい》にゆるみません。

その強さは、世界でもっともきびしいとされる、機械をつかった耐久《たいきゅう》試験でも、ネジを振動《しんどう》させる試験機械のほうがこわれてしまったほどでした。

こうして道脇《みちわき》さんは、ネジが発明されてから2000年以上のあいだ、世界中の

■ これまでのネジ

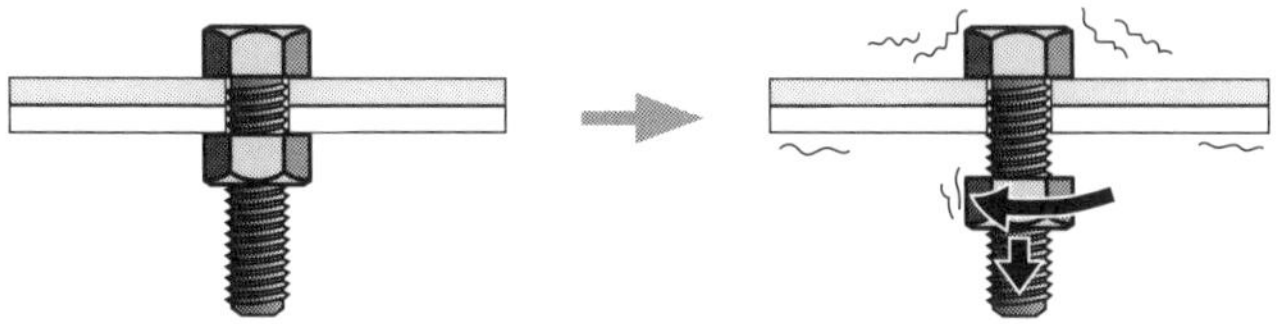

ナットが一方向でしまっているため、振動《しんどう》などの力が加わるとだんだんゆるんでくる。

■ 道脇《みちわき》さんが発明したネジ

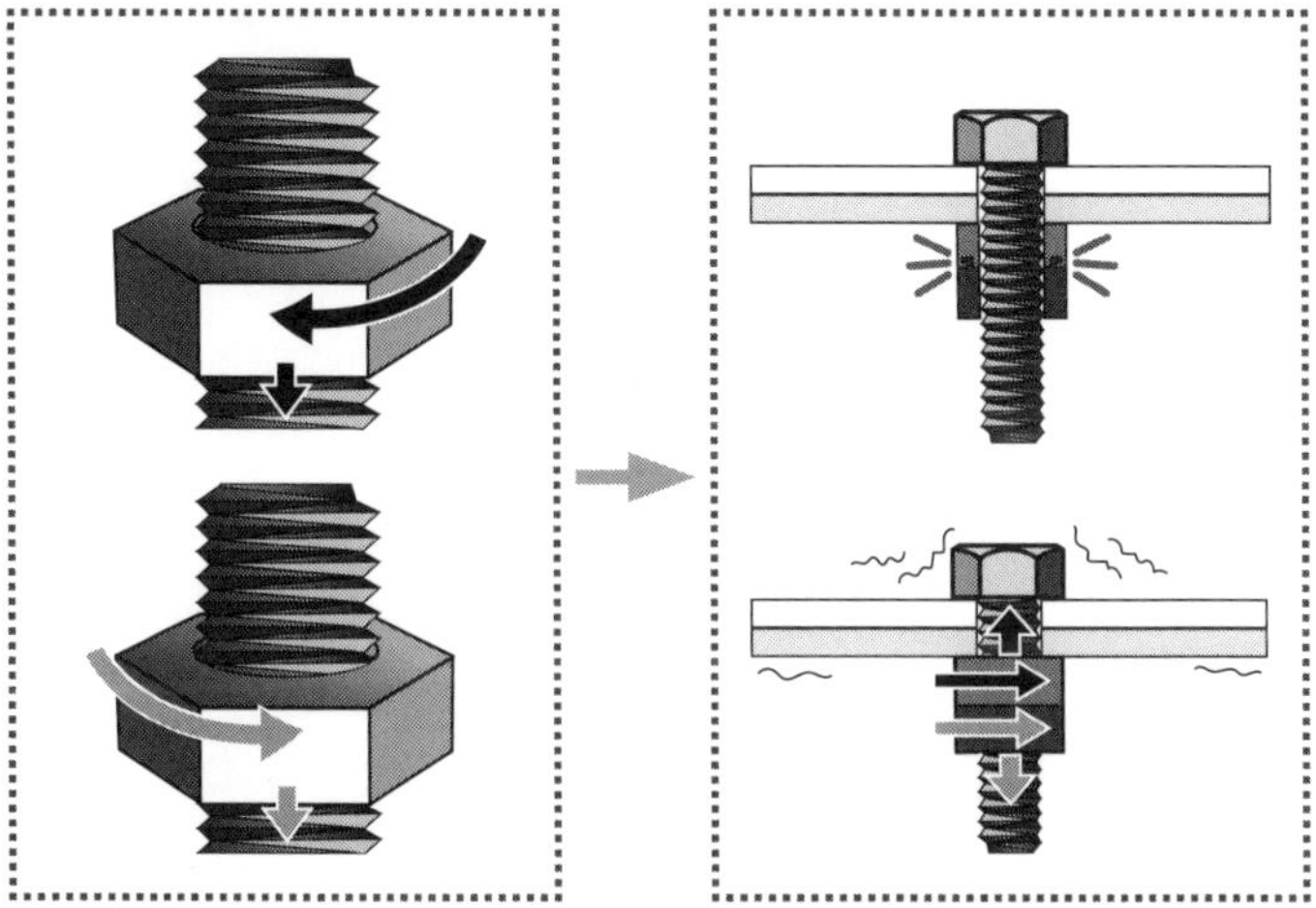

ナットを右回しにするとしまるネジ山と、左回しにするとしまるネジ山を、特殊《とくしゅ》な技術《ぎじゅつ》でひとつにしたため、右回しと左回し、それぞれの方向でナットがしまる。

しまったふたつのナットを結合するため、振動《しんどう》などの力が加わっても、互《たが》いのナットは逆《ぎゃく》の動きをし、絶対《ぜったい》にゆるまない。

だれも解決《かいけつ》できなかった課題を、なんなく乗りこえてしまったのです。

それができたのは、道脇《みちわき》さんがこう考えたからでした。

不可能《ふかのう》を、証明《しょうめい》したか

「ゆるまないネジをつくることは不可能《ふかのう》だ」

そう聞いた道脇《みちわき》さんは、こう思ったのです。

（え？　そんなもんかな？　不可能《ふかのう》が証明《しょうめい》されたのか？　証明《しょうめい》されてないなら不可《ふか》能《のう》とはいえないだろう……。よし！　じゃあ、ゆるまないネジを考えよう）

そんな発想で、道脇《みちわき》さんは世界初の発明をなしとげてしまったのです。


道脇《みちわき》さんの発想は、ほかの人とはずいぶんちがいます。

たとえばその日、会社の会議室で、ある問題が議論《ぎろん》されていました。

「開発中の新しいネジづくりが、うまくいかない」

ネジの試作品をつくっているエンジニアがそう言いました。ネジの形をつくるのは金属《きんぞく》をけずるカッターがついた機械ですが、その刃《は》がどうしても欠けてしまい、ネジの表面に、「バリ」とよばれる突起《とっき》がのこってしまうというのです。エンジニアは、カッターの回転数を1分間に180回転にしても刃《は》が欠けてくるので、もっとおさえなければいけないかもしれない、と言います。

「いま180回転ぐらい？」

道脇《みちわき》さんがエンジニアに確認《かくにん》しました。

「そうですね、150回転から180回転ぐらいのあいだじゃないかな」

「うーん、なるほど」

通常《つうじょう》、刃《は》が欠けないようにするためには、カッターの回転数を下げるのが常識《じょうしき》です。でも、道脇《みちわき》さんはこんなことを言いだしました。

「うちのマシンって、どれくらいまで回転数上げられるんですか？」

「5000回転ですね」

「最大5000回転？　そうしたら、たとえば5000でやってしまったら？　逆《ぎゃく》に」

エンジニアは、おどろいてことばがありません。それでも、

「やってみます」

とこたえました。

「そうですね、すぐやってみて」

「あんまり高速にすると、びびってボタンおせないかもしれないけど」

エンジニアのことばに道脇《みちわき》さんも笑いますが、考えは変えません。

すぐさまエンジニアは席を立ち、加工の現場《げんば》へもどっていきました。

そして20分後。

「4000でやってみました」

と、道脇《みちわき》さんのもとへネジをもってきました。道脇《みちわき》さんはそれをだまって確認《かくにん》する
と、ほかの社員へわたします。

「すごいですね」

みな、そのネジに見とれました。

「同じ刃《は》で速度変えて、こんなにちがうんだね」

それは、先ほどとはくらべものにならないほど、美しい仕上がりでした。きれいになるし、刃《は》のもちはのびるし、加工時間は短くて済《す》むし、いいことだらけで、みんな一気に笑顔になります。

「でも4000という発想は、なかなかないですよ」

そう言われて道脇《みちわき》さんは、なぜうまくけずれたのかは説明しません。ただひとこと、こう言いました。

従来《じゅうらい》の常識《じょうしき》の外側に、こたえがある

道脇《みちわき》さんは、いつもこう思っています。

「専門家《せんもんか》とか、すごい技能《ぎのう》のある人とか、研究の腕《うで》の立つ人とかが、さんざんやってきて見つからないなら、その中にはこたえがない可能性《かのうせい》が高い。要は、常識《じょうしき》という枠《わく》の中にはこたえはない。であれば、常識《じょうしき》の外のものをもってきたほうが早いんだ」

そんな道脇《みちわき》さんの発明は、製品《せいひん》の性能《せいのう》だけにとどまりません。

それをつかったり、組み立てたりする人たちの苦労も考えられています。

以前、車の騒音《そうおん》を減少《げんしょう》させるための装置《そうち》を発明したときもそうでした。立体型の道路では、下の道路を走る車の騒音《そうおん》が、上の道路にぶつかって反射《はんしゃ》し、周囲に広がります。そこで、上の道路の底面にその装置《そうち》をとりつけて、下の道路からの騒音《そうおん》を吸収《きゅうしゅう》させて消滅《しょうめつ》させてしまおうという装置《そうち》でした。

ところがその装置《そうち》は、幅《はば》が2センチ、長さが4メートルのパーツで、3キロにわたってとりつけると、数が6万本以上になってしまうのです。

それを一つひとつとりつけるのは、作業員の人が大変だと考えた道脇《みちわき》さんは、その装置《そうち》に、工具でおさえなくてもかんたんに連結できる仕組みを加えたのです。

「作業の効率《こうりつ》が上がると、その分時間が短縮《たんしゅく》できる」と、作業員の人たちは喜んでいます。

道脇《みちわき》さんはこう思っています。

頭は、心の道具

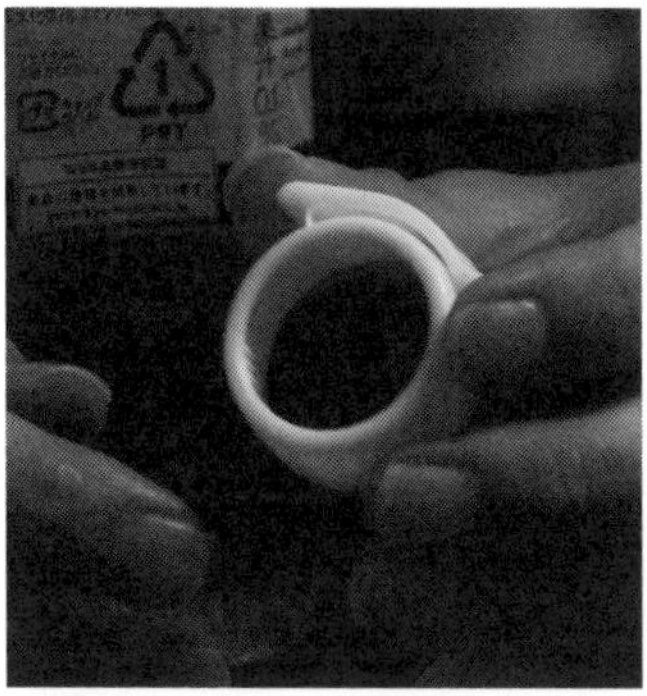

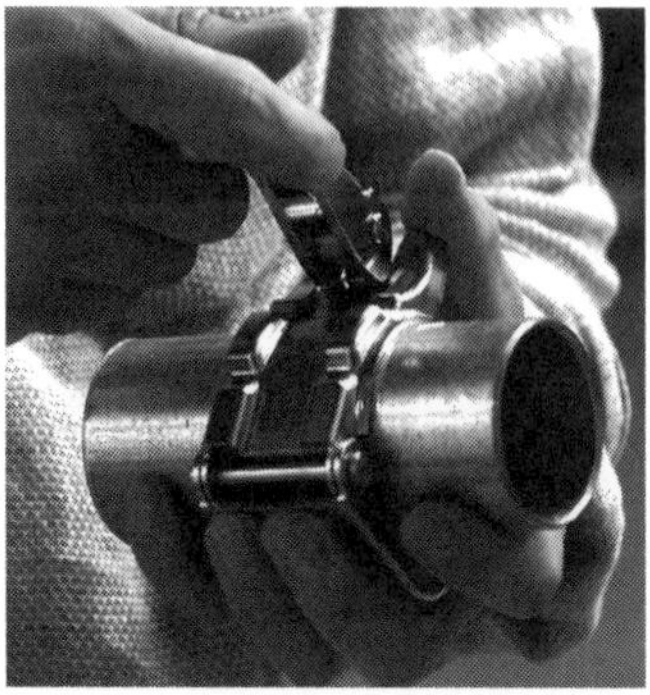

道脇《みちわき》さんが発明した握力《あくりょく》ゼロでもペットボトルのふたをあけられる器具（左）と、ワンタッチでとりつけられるとめ金（右）。

「愛情《あいじょう》がだいじですね。何かものを考えたり、発明したりとかっていうのは、頭でやる行為《こうい》かもしれないですけど、頭を動かしている原動力っていうか、指図しているのは、心です。心が頭をつかっているんですよ」

道脇《みちわき》さんはこれまで、高齢者《こうれいしゃ》や子どもなど、握力《あくりょく》がない人でもかんたんにペットボトルのふたをあけられる器具も発明しました。また、工事現場《げんば》などで、工具をつかわずに、ワンタッチで500キロもの重さにたえられるとめ金も開発しました。

その発想は、どれもこれも、思いやりという「心」から生まれているのです。

✴自分を探《さが》し続けた少年時代

その日、道脇《みちわき》さんは、福岡《ふくおか》県直方《のおがた》市に、開通したばかりの橋を見にやってきました。全長は214メートル、幅《はば》17・8メートルの勘六橋《かんろくばし》には、道脇《みちわき》さんが発明した、車や地震《じしん》などの振動《しんどう》から橋を守る装置《そうち》がつかわれています。大手メーカーと共同で開発し、従来《じゅうらい》の半分の大きさで、性能《せいのう》も耐久性《たいきゅうせい》もアップさせたのです。

「役に立つといいなぁ。100年、200年ささえられると」

そう言って笑顔で橋を見上げる道脇《みちわき》さんのとなりに、小さな女の子が寄《よ》りそっています。旅についてきたのは、ひとり娘《むすめ》の愛羽《えこ》ちゃん。小学3年生です。手には不思議なものをもっています。長いロープの先に、水の入ったペットボトルがとりつけられていました。

「それは何?」と聞くお父さんに、愛羽《えこ》ちゃんは笑ってこたえました。

「これは命綱《いのちづな》」

愛羽《えこ》ちゃんの将来《しょうらい》の夢《ゆめ》は発明家です。お父さんと同じで、いつも発明のことを考えています。

「ちょっとした重りなんだけど、坂道を下りるときに地面においておけば、これが重りになるから。すべらないようにはできる」

「お父さんを超《こ》える日も近いかな？」

すると愛羽《えこ》ちゃんはこう言いました。

「近いかはわからないけど、いずれは超《こ》えたい」

道脇《みちわき》さんはうれしそうに娘《むすめ》を見つめ、「自分とちがって、素直《すなお》に育ったな」と思いました。


道脇《みちわき》さんは、群馬《ぐんま》県の桐生《きりゅう》市で生まれ育ちました。幼《おさな》い頃《ころ》から、何か思いつくと夢中《むちゅう》になって実験したり研究したりする子どもでした。

それは2～3歳《さい》の頃《ころ》。祖母《そぼ》が食事のあとに入れ歯を外すと、それを見た道脇《みちわき》さんはさけびました。

「おばあちゃん、目もだしてみて！」

お母さんはそのことばにびっくりしました。

小学校へ上がると、その成績《せいせき》はずばぬけていました。配られた教科書は、1週間ぐらいで読んでおぼえてしまいます。そのため、授業《じゅぎょう》中は勉強をあまりやらなくていいのかなと思うようになりました。

そうすると、だんだんと疑問《ぎもん》がふくらんできます。なんのために学校にきているのか、この教育システムって、おかしいんじゃないか。そして学年が上がるにつれ、その疑問《ぎもん》は大きくなる一方でした。

自分は何をしたらいいのか？なんで生きているのか？

ついに小学校5年生のとき、道脇《みちわき》さんは親にこう告げました。

「みんなと同じこのシステムに乗ってるのはいやだから、ぼくはおりる。自分の個《こ》性《せい》がなくなるから」

自ら学校を休むと決めたのです。

でも、だからといって、何をしたらいいかはわかりませんでした。

自分が何者であるかもわからず、社会が何かもわからないし、なんのために生きているのかもよくわかりません。

そのこたえがどこで見つかるのかもわからないまま、新聞配達をやってみたり、チラシ配りをしたり。少し大きくなると、漁師《りょうし》の見習いをしてみたり、とび職《しょく》をやってみたりもしました。

そうして気がつくと、18歳《さい》をすぎていたのです。

同級生は、勉強して大学へ行こうとしています。けれど自分は、それを横目に、まだ自分探《さが》しを続けています。

このまま生き続けてもしょうがないんじゃないかと、道脇《みちわき》さんは自分に嫌気《いやけ》がさしてきました。

「ばかを克服《こくふく》するか、それができないなら死ぬか……」

そこまで思いはじめましたが、だからといって死にたいわけでもありません。

ある日道脇《みちわき》さんは紙をとりだし、まとまらない考えを、書きとめていきました。

「こんなことをしたらばかを克服《こくふく》できるんじゃないか」と思ったことを書きだしていったのです。

たとえば、「漢字は知らないから知ったほうがいいな」とか「文章力もないといけないよな。そのためには読書かな」とか。

できあがったリストを見て、道脇《みちわき》さんはがく然としました。

「なんじゃこりゃ！　どっかで見たことある。これって学校カリキュラムそっくりじゃないか！」

道脇《みちわき》さんははじめて気がつきました。

「だから社会は、教育カリキュラムをつくって、子どもたちにそれをやらせて、チャンスをあたえるのか。学校の授業《じゅぎょう》は、やりたいことができるようにさせてあげるための基礎《きそ》づくりだったんだ！」

そんな矢先、転機は突然《とつぜん》やってきました。19歳《さい》のとき、道脇《みちわき》さんは交通事故《こうつうじこ》にあったのです。

車を運転中、急にハンドルをとられ、強い力でひっぱられたのです。何がおきた

タイヤを固定するネジが１本とれ、脱輪《だつりん》した事故《じこ》の写真。

のか、まったくわかりません。ただ、自分の車の横を、すごい速度でタイヤが追いぬいていくのが見えました。

幸い、だれもけがをすることはなく、道脇《みちわき》さんも無傷《むきず》でした。

事故《じこ》の原因《げんいん》は、タイヤの脱輪《だつりん》。タイヤを固定させるネジが1本、折れてなくなっていたのです。ほかのボルトについていたはずのナットも、全部ゆるんで、なくなっていました。

（これはまずいでしょう……）

そのとき道脇《みちわき》さんは、とうとう自分の生きる意味を見つけました。

「ゆるまないネジをつくろう！」

そうして道脇《みちわき》さんは、31歳《さい》でベンチャー企業《きぎょう》を立ち上げ、本当に「ゆるまないネジ」をつくりあげてしまったのです。

この発明は、またたくまに業界に知れわたり、「奇跡《きせき》のネジ」として、いまではあちこちで役に立っています。

子どもの頃《ころ》、あんなに悩《なや》んだ「自分の生きる意味」。いま道脇《みちわき》さんは、その意味をこう考えています。

だれかのために、何かのために、生きる

「自分だけで生きているのではない。いろんな人にささえられながら存在《そんざい》できる。みんながいてくれる。いろんな生命体があってくれる。だから、とりあえず今日は死なないだろうし、今日を越《こ》えられると思う。自分のためだけだったら、存在《そんざい》する価値《かち》がない。もう、自分のために生きたいっていう気持ちはまったくない」

道脇《みちわき》さんは、あの事故《じこ》のタイヤがとれた車の写真を、いまもフレームに入れて、大切にもっています。

✴矛盾《むじゅん》したネジに挑《いど》む

ある日、道脇《みちわき》さんのもとへ、ある大手の金属《きんぞく》加工メーカーから依頼《いらい》がきました。開発して欲《ほ》しいのは、直径8センチのネジ。でも、ただのネジではありません。「ゆるんで欲《ほ》しくないけど、ゆるめたい、そんなネジをつくって欲《ほ》しいんです」

道脇《みちわき》さんは、さっそくそのネジをつかいたいという現場《げんば》を見に行きました。そこは、工業用の大型部品を製造《せいぞう》しているメーカーの工場。重さ8トンものハンマーが、真っ赤に熱した金属《きんぞく》をたたき続け、部品の形をつくっています。欲《ほ》しいネジは、その機械につかわれているものでした。

「これは、ネジにとっては最悪な環境《かんきょう》ですね」

道脇《みちわき》さんは思わず言いました。

8トンのハンマーが高いところから落とされるたび、機械は激《はげ》しくゆれ、その衝《しょう》撃《げき》で、見てはっきりわかるほどナットが動いてゆるんでいきます。ゆるみを放置しておいたら機械が故障《こしょう》し、大事故《だいじこ》にもつながりかねません。そこで、ゆるみが大きくなると、そのたび作業員が巨大《きょだい》なスパナでナットをしめ直しているのです。

ナットが動かないようにするだけなら、道脇《みちわき》さんの「ゆるまないネジ」で事が足ります。でも、メーカーの人は、

「確実《かくじつ》に固定しながらも、かんたんにとり外せるネジでないとこまる」

と言います。それには理由がありました。

ネジは、8トンのハンマーを正確《せいかく》にふり下ろすために、その位置を決める枠《わく》を固定していました。その枠《わく》は、くり返し上下するハンマーにこすられて、内側が次第にすりへってきます。そうなってきたら、ナットを動かし、枠《わく》の位置を調整しなければい

ゆるまず、動かせるネジが必要な巨大《きょだい》な機械。

けません。つまり、機械のメンテナンスをするときは、ネジを自由に動かす必要があるのです。

工場の人は、道脇《みちわき》さんに言いました。

「この機械をつくったメーカーさんとも相談するんですが、なかなか解決《かいけつ》できない。手づまりな状況《じょうきょう》なんです」

道脇《みちわき》さんはさっそく考えはじめました。

「強い振動《しんどう》でもけっしてゆるまず、それでいて、人の手でもかんたんに動かすためには……」

会社へもどった道脇《みちわき》さんは、設計士《せっけいし》を前に、さっそくホワイトボードにアイデアをえがきはじめました。

「こうしましょうか。ここの仕組みをギア……、ギアにしちゃう。ツールをここにつっこむ。それでここ、少し開くようにして……」

道脇《みちわき》さんの考えは、「ゆるまないネジ」に、歯車の仕組みをとり入れたものでした。

まず、ボルトにとりつけた右回りと左回りのナット、ふたつのナットの内側にギザギザの歯をきざみ、ナットがあわさったときにかみあわさるようにしました。これで、どんな衝撃《しょうげき》を受けても、ナットはがっちりとあわさり、動かなくなります。

さらに、ふたつのナットのあいだにリング状《じょう》のゴムをはさむことを思いつきました。ふだんはゴムの反発力でナット同士はしっかりとかみあわさっています。

そしてナットを動かしたいときは、ふたつのナットのあいだに専用《せんよう》の歯車をおしこみます。するとゴムが縮《ちぢ》んで、ナットが少しはなれます。そのまま歯車を回すと、その歯に連動してふたつのナットは自由に動き、位置を調整できるというのです。

「これを加工して組み立てるっていうのは、すごくむずかしいよ。パーツをもうちょっと分けたらなんとかなるかな?」

話を聞いていた設計士《せっけいし》はそう言いました。

「分けたくないですね」と道脇《みちわき》さん。

「手品みたいなことをしないといけない」

「ふふふ」

ふたりはしばらく、ホワイトボードの絵を見つめていました。

1か月後。試作機ができ上がりました。

まず、ボルトにふたつのナットをとりつけ、そのあいだに歯車を入れて回してみます。

「とりあえず動きますね」

ナットは、道脇《みちわき》さんのねらいどおりに、歯車の動きにつられてボルトの上を動きました。

「ゴムを入れてみますか？」

エンジニアの問いかけに、うなずく道脇《みちわき》さん。ふたつのナットのあいだにリング状《じょう》のゴムが入りました。この状態《じょうたい》だと、ナットは動きません。

これも道脇《みちわき》さんの言ったとおり、ゴムの反発力でナットは固定されています。ところが、ゴムが入った状態《じょうたい》でもう一度歯車をおしこみ、ナットを動かそうとしたときです。

「おかしいな。ロックが解除《かいじょ》されない」

専用《せんよう》の歯車をはめて回すと、ナットは自由に動いた。しかし、ナット同士は固定されなくなってしまった。

なんど歯車を回そうとしても、ナットががっちりと固定され、ゴムが入る前のようには動きません。

ゴムの反発力が、想定より強すぎたのです。道脇《みちわき》さんは、ゴムを外し、もっとやわらかいシリコンチューブに替《か》えてみました。すると、反発力が弱くなったため、歯車を回すとふたつのナットははなれ、ボルト上を動くようになりました。

ただ、シリコンの反発力が弱すぎて、ナット同士をあわせたときに、きっちり固定されなくなってしまいました。これでは、衝撃《しょうげき》でナットがゆるんでしまいます。

「ちょうどいい反発力の素材《そざい》は何か……」

結局この日、最適《さいてき》な素材《そざい》は見つかりませんでした。

翌日《よくじつ》。道脇《みちわき》さんは仕組みを見直していました。

「ゴムなどをつかうアイデアは、やめる。そのかわり、とめ金でふたつのナットを固定します。ナットを動かすときはとめ金を外し、歯車をつかって移動《いどう》させよう」

さっそく新たなアイデアの試作機づくりが進められました。


4日後。2回目の試作テストです。

ところが、今回もねらいどおりに動きません。

（もっと軽く回るはずなのに……）

道脇《みちわき》さんも首をかしげます。

道脇《みちわき》さんは、固定したナットを1回ばらし、考えます。ばらした部品をしばらく見つめる道脇《みちわき》さん。そして、うまくいかない原因《げんいん》をつかみました。部品が増《ふ》えたことで、加工のわずかな誤差《ごさ》が積み重なり、動きをじゃましていたのです。

理屈《りくつ》ではうまくいくものも、実際《じっさい》にはいろいろな問題がでてきます。

作業開始から18時間。

解決《かいけつ》のヒントが見つからないまま、夜が明けてしまいました。

外の空気を吸《す》いにでた道脇《みちわき》さんは、明るくなってきた空を見上げて思いました。

（もっといいこたえはないのか、もっと最適《さいてき》なものはないのか、もっと最高の解《かい》はないのか……）

道脇《みちわき》さんはいつも、こたえがでるまで考え続けます。でてくるまで考え続けるから、でてこないことはないと、信じていました。

道脇《みちわき》さんは、ほかにもたくさんの企業《きぎょう》から、新たな技術《ぎじゅつ》開発を頼《たの》まれています。

道脇《みちわき》さんはそれについて、こう思っています。

「いまやらなかったら、明日がなくなってしまう」

時代が変わっていくこのときを、ささえて進めていくのは自分たちです。解決策《かいけつさく》を見いだしていくということは、自分たちの世代、あるいは自分自身の使命だと、道脇《みちわき》さんは考えているのです。

常識《じょうしき》を超《こ》え、独創《どくそう》を極めよ

道脇裕《みちわきひろし》

こたえがでないことはない。なぜなら、こたえがでるまで考え続けるから……。

「あの世には、何ももっていくことができない。生きているあいだに、だせるものをみんなだして、未来のためにおいていきたいんだ」

1週間後。道脇《みちわき》さんは、ひとつのこたえをだしました。

「精度《せいど》が問題となるような仕組みじたいを、ぼくはやめたらいいんじゃないかと思う」

こだわって悩《なや》み続けたアイデアを、すべて捨《す》てると言いだした道脇《みちわき》さんに、聞いていた設計士《せっけいし》はおどろきました。

「この仕組みをやめて、部品をへらしたい。そうすれば、精度《せいど》は上がると思う」

これまでは、ふたつのナットを一体化させていました。そのアイデアをやめ、それぞれを独立《どくりつ》させます。さらに、ナットを移動《いどう》させるためにつかっていた歯車を、逆《ぎゃく》に、ナットをロックさせるためのパーツとしてつかうことにしたのです。

「歯車を回さないかぎり、ナットは固定されたままです。いかがでしょう」

設計士《せっけいし》たちは、うなずきます。

「シンプルですね」

「だいぶ簡素化《かんそか》しましたね」

道脇《みちわき》さんは声を上げて笑いました。

「じゃあ、設計《せっけい》をよろしくお願いします」


1か月後、3度目の試作テストがおこなわれました。

ふたつのナットを独立《どくりつ》させたことで、移動《いどう》はとてもなめらかです。ナットをロックさせる機能《きのう》も、まったく問題ありません。

そのとき、道脇《みちわき》さんは、ある道具をとりだしました。それを機械にとりつけると、巨大《きょだい》なナットも片手《かたて》でかんたんに動かせます。メーカーから頼《たの》まれたものではありませんが、作業をする人のためを思って開発しておいたのです。

「これをつかうと、微調整《びちょうせい》がスムーズにできるよ」

道脇《みちわき》さんは動きを確《たし》かめ、ほっとして笑います。

また新たな発明が、生まれました。

「あとは現場《げんば》でやってみる。それでうまく機能《きのう》しなかったら、何が問題なのか見きわめて、また解決策《かいけつさく》を考えて入れこもう」

道脇《みちわき》さんはそう言うと、この日、３本目のレモンティーをおいしそうに飲みほしました。

それから数週間後。道脇《みちわき》さんが発明した新型のネジは、依頼先《いらいさき》のメーカーの工場で、期待どおりの働きを見せていました。

だれかのために、何かのために、道脇《みちわき》さんは今日も考え続けます。

人生で、どれだけのものをあとの時代にのこしていけるか。道脇《みちわき》さんの未来に向けた闘《たたか》いは、これからも続いていくのです。

常識《じょうしき》を超《こ》え、独創《どくそう》を極めよ

道脇裕《みちわきひろし》

プロフェッショナルとは

己《おのれ》のプロフェッショナリティーに特化していて、かつ、達していること。

可能性《かのうせい》を広げるには、まず、己《おのれ》を見つめること。そして己《おのれ》をとり巻《ま》くさまざまに目を向けよ。徹底《てってい》した内観と外観。そのはざまにこそ、自らを最大限《さいだいげん》に生かす道がある。己《おのれ》をみがけ、自他ともにみとめられる域《いき》まで。その道は、他《た》のプロフェッショナルをも生かす道に通ず。

第309回2016年11月14日放送

こんなところがプロフェッショナル！

日々《ひび》新たな発明を生みだす、道脇裕《みちわきひろし》さん。
こんなところがすごいよ。

わかるまで考える、できるまでやる

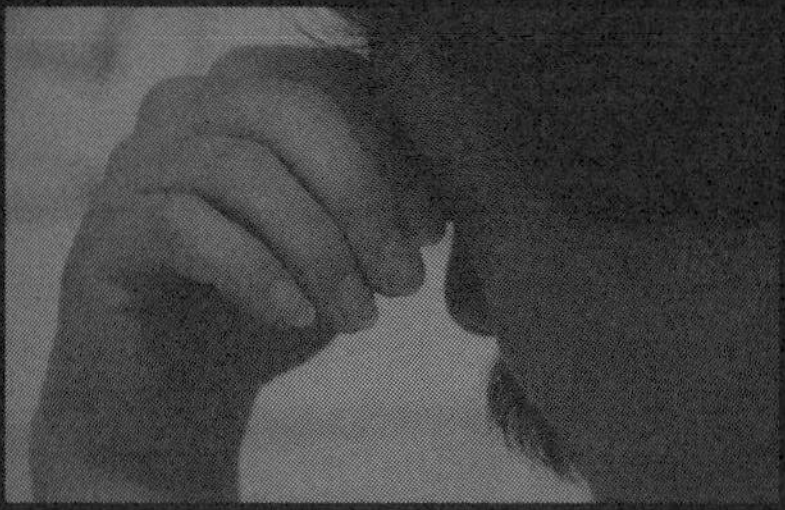

道脇《みちわき》さんは、どんなにむずかしい問題にも、よりよいこたえがでてくるまで最大《さいだい》限《げん》考え続け、必ずこたえをだします。頭のエネルギー補給《ほきゅう》のために、ペットボトルのレモンティーを何本も飲んでしまうほど、ひたすらに考えるのです。

小さなくふうをおしまない

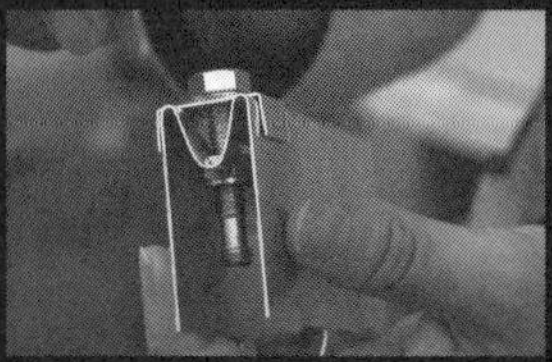

依頼《いらい》される仕事をこなすだけでなく、作業する人やつかう人を少しでも助けられるようなくふうをこらす道脇《みちわき》さん。工具でおさえなくてもかんたんに作業ができる連結パーツも、その発明のひとつです。

こだわったアイデアを捨《す》てられる

いままでずっと考えてきたアイデアでも、それよりもよい方法を思いつけば、また一からやり直します。ときに、不可能《ふかのう》といわれるような難題《なんだい》にも挑戦《ちょうせん》する道脇《みちわき》さんの、大切な心がけです。

たくさんの視点《してん》をもっている

「紙1枚《まい》は何面？」と聞かれたとき、表と裏《うら》の2面だけでなく、4つの辺も拡大《かくだい》すれば面だし、「燃《も》える」「書ける」などの紙の側面も面です。このようにものを見る視点《してん》を増《ふ》やすことは、発明においてものすごく大きな効果《こうか》があると、道脇《みちわき》さんは言います。

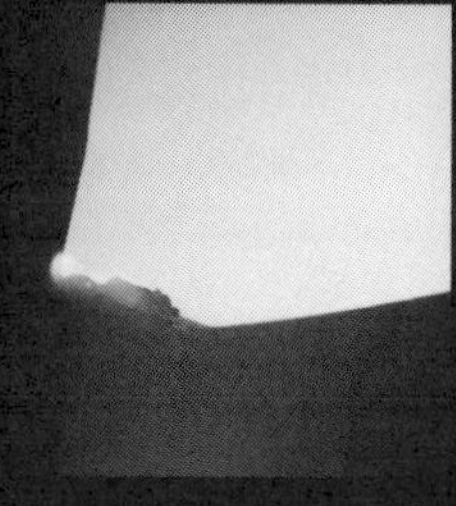

プロフェッショナルの格言《かくげん》

天才発明家、道脇裕《みちわきひろし》さんのことばを心にきざもう。

常識《じょうしき》という枠《わく》の中には、こたえはない

ネジが生まれてから2000年ものあいだ解決《かいけつ》できなかった課題すら、乗りこえてしまった道脇《みちわき》さん。いままでの常識《じょうしき》を打ち破《やぶ》るようなことは、常識《じょうしき》の外側にこそ、こたえがあるのだと考えています。

心が頭をつかっている

何かを考えたり、新しい発明を思いついたりするのは頭ですが、その原動力は人を思いやる「心」から。道具をつかう人や、設《せっ》置《ち》する作業者への愛情《あいじょう》が何よりだいじだと、道脇《みちわき》さんは考えています。

だれかのために生きる

悩《なや》んで見つけた自分の生きる意味。それはだれかのために生きること。「人はいろんな人にささえられながら存在《そんざい》できる。だから、自分のためだけに生きるなら、存在《そんざい》する価値《かち》がない」道脇《みちわき》さんはそう考えます。

未来を拓《ひら》く、希望のサイボーグ

ロボット研究

山《さん》海《かい》嘉《よし》之《ゆき》

事故《じこ》で脊髄《せきずい》を損傷《そんしょう》し、「二度と歩けない」と医師《いし》から告げられた人がいる。
あきらめかけたときに出会ったのは、身につけてつかう特殊《とくしゅ》なロボット。
1年後、その人は自力で200メートルを歩いていた。
人の意思にしたがって動く、世界初のサイボーグ型ロボット「HAL《ハル》」。
開発したのは、孤高《ここう》の科学者。
挑戦《ちょうせん》をささえたのは、子どもの頃誓《ころちか》った夢《ゆめ》だった。
「人の役に立つロボットを生みだしたい！」
どんな困難《こんなん》も、人生に風味をそえるスパイスだ。
そう笑って、また先へ進んでいく。
そんな男に、わらにもすがる思いで助けを求めた家族がいる。
意識障《いしきしょう》がいの息子とコミュニケーションがとりたい。
男の技術《ぎじゅつ》は、家族を絶望《ぜつぼう》の淵《ふち》から救えるのか。

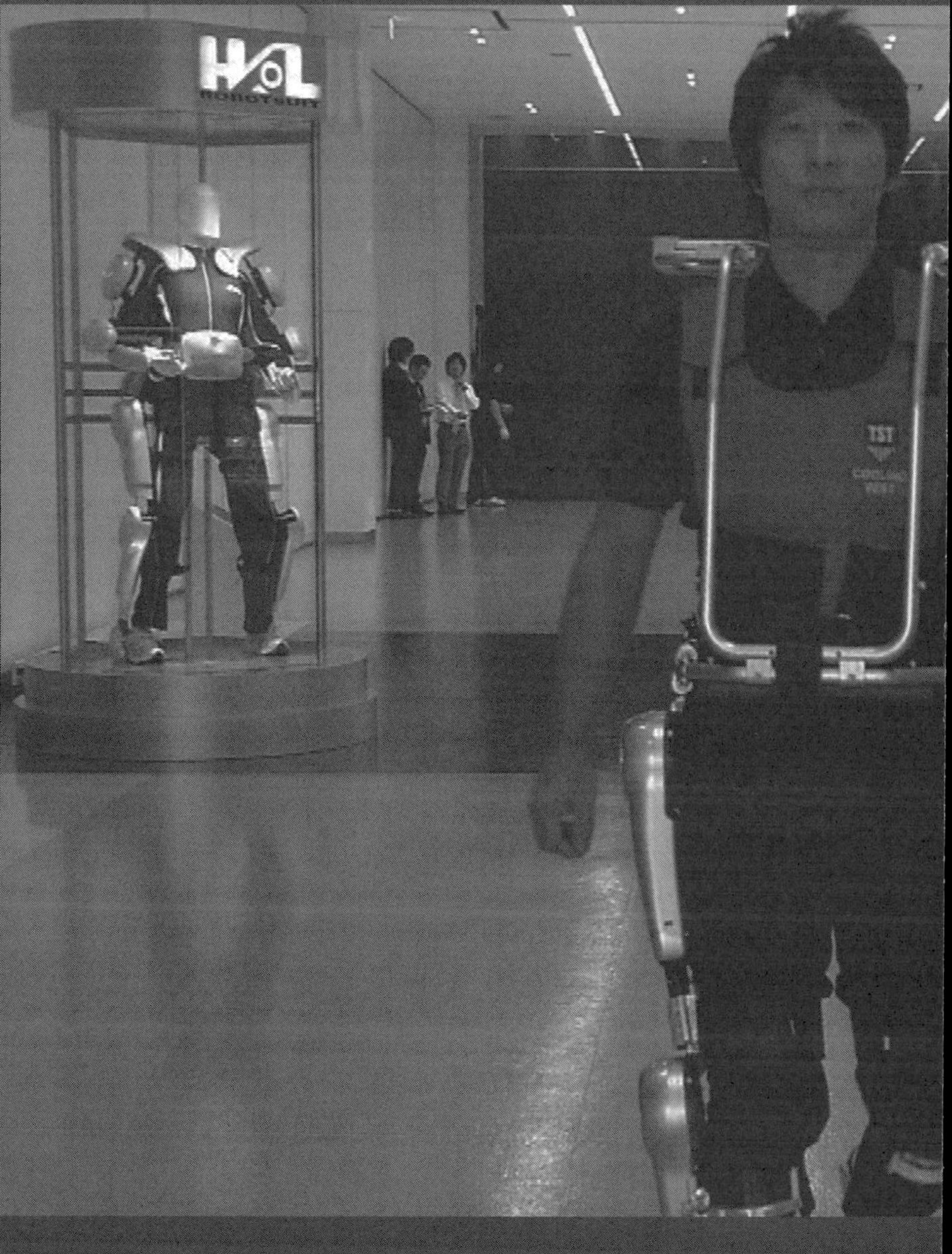
HAL
ROBOTSUIT

✴人生を変えるロボットスーツ

茨城《いばらき》県のシンボル、筑波山《つくばさん》のふもとに広がる筑波《つくば》大学。その一画にある仕事場に、スーツ姿《すがた》の男性《だんせい》が重そうなかばんをふたつさげて出勤《しゅっきん》してきました。

大学院の教授《きょうじゅ》、山海嘉之《さんかいよしゆき》さんです。自分の研究室につくなり、かばんからとりだしたのはパソコン。それも、2つ3つと、同じノートパソコンがいくつもでてきます。

「新しいコンピューターをもっておかないと、すぐ容量《ようりょう》がいっぱいになってしまうんです。データ整理の時間がないんですよ」

人にはそう言っています。次々《つぎつぎ》と研究テーマが増《ふ》えるので、気づけば同じパソコンが10台以上になっていました。

「先生、区別つきますか?」

学生に聞かれると、

「だいじょうぶ。だいたいわかります。ここがちょっとへこんでいるとかですね」

と、パソコンの角を指さして笑います。でも電源《でんげん》を入れると、

「あれ、おかしいな。これじゃなかった。ちょっと強がりを言ってしまいました。はははは。わかりました。ぼく、シールはります」

おだやかな口調で、いつも笑顔を絶《た》やさない山海《さんかい》さん。研究しているのは、ロボットスーツ「ＨＡＬ《ハル》」。それは、人間が身につけて、はじめてその力を発揮《はっき》する世界初のサイボーグ型ロボットです。

たとえば、重いものをもてない人がＨＡＬ《ハル》を装着《そうちゃく》すると、１００キロの重りを10キロほどのものをもつような感覚で、もち上げることができます。

「うそのように、すぃーっと全部上がっていく感じ」

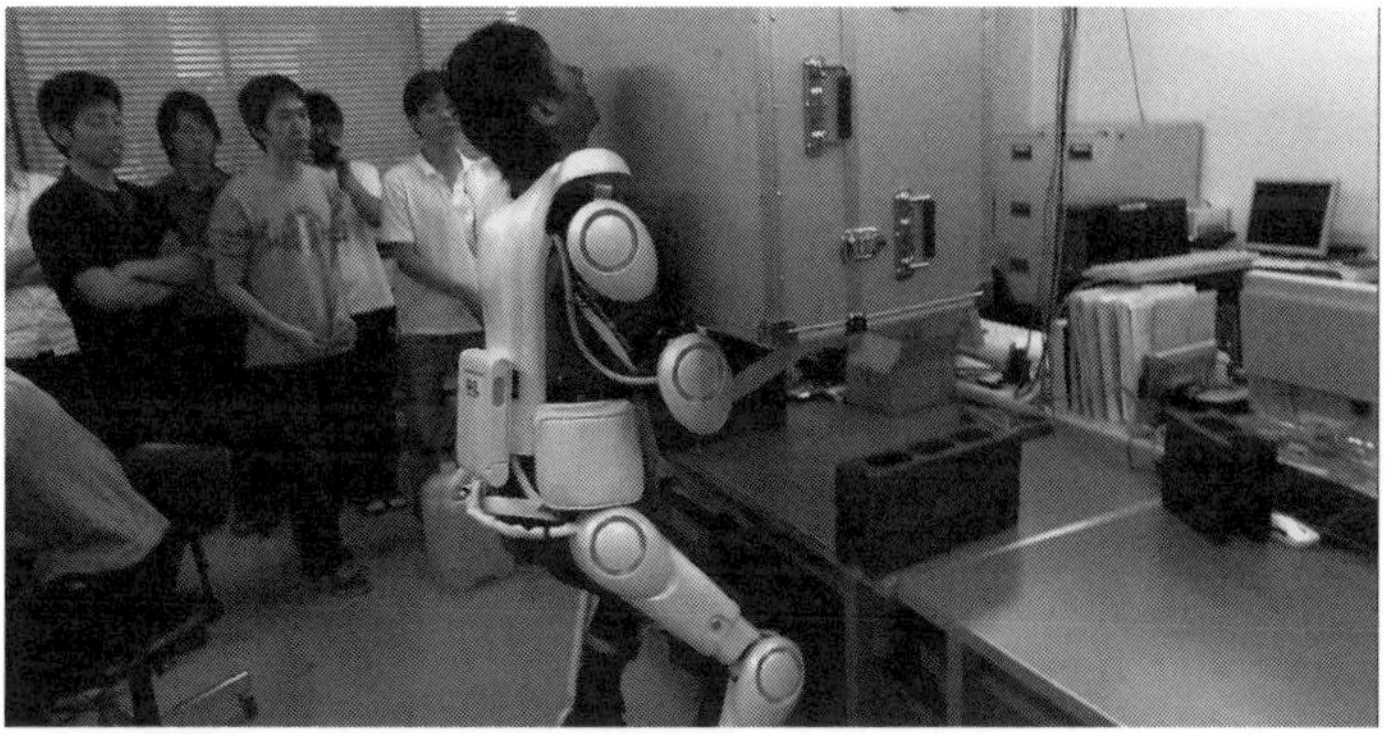

HAL《ハル》を装着《そうちゃく》して、重い荷物をもち上げる。

体験した人は、とてもおどろきます。

しかも、レバーをひいたり、ボタンをおしたりするような、特別な操作《そうさ》はいりません。HAL《ハル》は、つかう人がもち上げようとすると、身につけた人の体の一部のように動いてくれるのです。

いったいどういう仕組みになっているのか。山海《さんかい》さんはこう話します。

「人が体を動かそうとすると、まず脳《のう》から『動かしなさい』という命令が体に伝わっていきます。その命令は脳《のう》、脊髄《せきずい》、運動神経《しんけい》を通じて筋肉《きんにく》に伝えられ、体は動きます。どの部分をどのように動かしたいかという脳《のう》や神経《しんけい》を伝わってくる情報《じょうほう》は、実は皮膚《ひふ》の表面にも微弱《びじゃく》な『生体電位信号《せいたいでんいしんごう》』としてもれだしています。HAL《ハル》は、皮膚《ひふ》にはりつけた高性能《こうせいのう》のセンサーでそれを検出《けんしゅつ》して、その信号をコンピュータで解析《かいせき》し、モーターが動くことで、人間の意思にしたがった動きをリアルタイムに実行できるんです」

身につけることで、体を動かそうとする意思を読みとり、体の機能《きのう》を改善《かいぜん》したり、補助《ほじょ》したりするロボット。そのつかい道は無限《むげん》にあります。

たとえば、工場や作業現場《げんば》などで重いものをもつとき、また、介護施設《かいごしせつ》で体の不自由な人を移動《いどう》させたりするとき、腰《こし》に負担《ふたん》がかかるのを少なくすることができるので、おなじ作業を長く続けることができます。

中でも、山海《さんかい》さんが基礎《きそ》研究開発当初からひときわ力を入れているつかい道は、体が不自由な人への治療《ちりょう》の分野でした。いまや山海《さんかい》さんのロボットは、病気や事故《じこ》で体が動きにくくなってしまった人の、身体機能《きのう》を回復《かいふく》させる効果《こうか》がみとめられるまでになっています。

この日山海《さんかい》さんが会ったのは、50歳《さい》のときに脳卒中《のうそっちゅう》をおこし、12年間、左半身に強い麻痺《まひ》をかかえている女性《じょせい》でした。

「自由に歩きたい」

7年前から立つこともできなくなってしまったその女性《じょせい》の思いに、山海《さんかい》さんはこたえたいと思っていました。

山海《さんかい》さんはまず、女性《じょせい》の麻痺《まひ》した左足にセンサーをつけ、脳《のう》からの命令を反映《はんえい》した微弱《びじゃく》な生体電位信号《せいたいでんいしんごう》をとりだそうと試みます。

脳卒中《のうそっちゅう》は、脳《のう》の血管が破《やぶ》れたり、血管がつまったりすることです。それによって脳《のう》がダメージを受けると、脳《のう》から神経《しんけい》へと送られる信号はでにくくなったり、体を動かす筋肉《きんにく》にうまく伝わらなくなったりします。そのために「麻痺《まひ》」がおこります。

ＨＡＬ《ハル》は、体が動かなくなっている状態《じょうたい》でも、意思と連動した生体電位信号《せいたいでんいしんごう》さえ検出《けんしゅつ》できれば、患者《かんじゃ》さんの意思にしたがって思いどおりに体を動かしてくれます。

そこで山海《さんかい》さんは考えました。脳《のう》からの命令が非常《ひじょう》に弱くなってしまっていても、その信号をいったんセンサーでひろい、それをロボットに送りだしてロボットの中でととのえ直し、その信号をもう一度人間にもどしてはどうか。人とロボットのあいだで神経《しんけい》の情報《じょうほう》のやりとりをくり返すことで、次第に神経《しんけい》と神経《しんけい》や、神経《しんけい》と筋肉《きんにく》のつながり（シナプス結合という）が強くなったりととのったりして、体がまた動かせるようになるのではないか。

「ちょっと足をのばすようにがんばってみてください」

山海《さんかい》さんのことばに、女性《じょせい》は車いすに座《すわ》ったまま、ひざより下をわずかに動かそうとしました。

「信号、でてないですね」

山海《さんかい》さんは、センサーからのデータを見て言いました。微弱《びじゃく》な信号をとりだすことは、かんたんではありません。別の場所にセンサーをつけ直します。

「足をちょっとのばす感じで。がんばらないでけっこうです」

山海《さんかい》さんは、絶《た》えず女性《じょせい》に声をかけ、信号がとらえられる場所を探《さが》していきます。

「OKです。はい、わかりました」

弱いけれど、生体電位信号《せいたいでんいしんごう》をキャッチすることができました。

さっそく、女性《じょせい》は山海《さんかい》さんのロボット、HAL《ハル》を腰《こし》から下に装着《そうちゃく》しました。立つことにチャレンジするのは7年ぶりです。

「よいしょ」

女性《じょせい》はそう言うと、研究員にささえられて車いすから腰《こし》を上げました。HAL《ハル》が、女性《じょせい》の立とうとする意思を反映《はんえい》した生体電位信号《せいたいでんいしんごう》をとらえ、立つことを助けようと働きます。

山海《さんかい》さん（写真右）が見守る中、HAL《ハル》が女性《じょせい》の意思を反映《はんえい》した生体電位信《せいたいでんいしん》号《ごう》をとらえ、女性《じょせい》が立ち上がる。

山海《さんかい》さんは、女性《じょせい》の前に立ち、笑顔で女《じょ》性《せい》を見守り続けます。

「そうそうそう。ばっちりです。かっこいいです」

「真っすぐ立てたので、足ぶみできますか。右足のほうですね」

山海《さんかい》さんの問いかけに、女性《じょせい》は、右足のかかとをわずかですがゆかからはなし、なんどか上げたり下げたりしました。その表《ひょう》情《じょう》はずっと笑顔。HAL《ハル》の助けで、苦痛《くつう》を感じていないのです。

「麻痺《まひ》している左足で体をささえ、右足を上げることができているってことですね」

山海《さんかい》さんは、女性《じょせい》に寄《よ》りそいながら、や

さしく声をかけて安心させました。

〝あなたのため〟から革新技術《かくしんぎじゅつ》は生まれる

山海《さんかい》さんの研究に参加しているメンバーは、基礎《きそ》研究・開発、社会実装《じっそう》※を推進《すいしん》する総勢《そうぜい》約150人。脳神経系《のうしんけいけい》や身体系《しんたいけい》の仕組みに詳《くわ》しい医師《いし》、医学者、理学療法《りがくりょうほう》士《し》、研究者など、さまざまな分野の人が加わっています。山海《さんかい》さんは彼《かれ》らをまとめるリーダーで、多忙《たぼう》をきわめていますが、HAL《ハル》をつかう人に寄《よ》りそい、現場《げんば》に立ち会うことをやめようとはしません。

「このひとりの方に対して、ピタッとあわせたものがうまくできれば、その背後《はいご》にいる、似《に》たような症状《しょうじょう》をかかえる多くの方々《かたがた》にもつかうことができる。それがひとつまた大きなとびらをあけるようなことになって、また新しい技術《ぎじゅつ》の開拓《かいたく》につながる」

山海《さんかい》さんはそう思っているのです。

「いま、立てた……」

女性《じょせい》のつぶやきに、山海《さんかい》さんは目を細めてなんどもうなずきました。いまは目の

※社会の中で実際《じっさい》に役立つものとしてつかえるようにすること

前の女性《じょせい》のためだけに、全力をつくすのです。

✴実用化に向けて

山海《さんかい》さんの開発した世界初のサイボーグ型ロボット「HAL《ハル》」は、海外の医療関係者にも絶賛《ぜっさん》されています。

「信じられない可能性《かのうせい》がある医療用《いりょうよう》ロボットです」と、ドイツは、いち早く医療《いりょう》機器としてみとめました。保険《ほけん》もきくので、多くの患者《かんじゃ》が無料でHAL《ハル》を活用した治《ち》療《りょう》を受けています。

ある女性患者《じょせいかんじゃ》はこう言いました。

「手術《しゅじゅつ》直後には車いすでの生活でした。でもHAL《ハル》の治療《ちりょう》で1か月たたないうちに歩行器で歩けるようになり、2か月たったいまでは、つえをささえにして歩けるようになりました」

一方日本では、なかなか医療《いりょう》機器としてつかえる認可《にんか》が下りず、保険《ほけん》もきかない

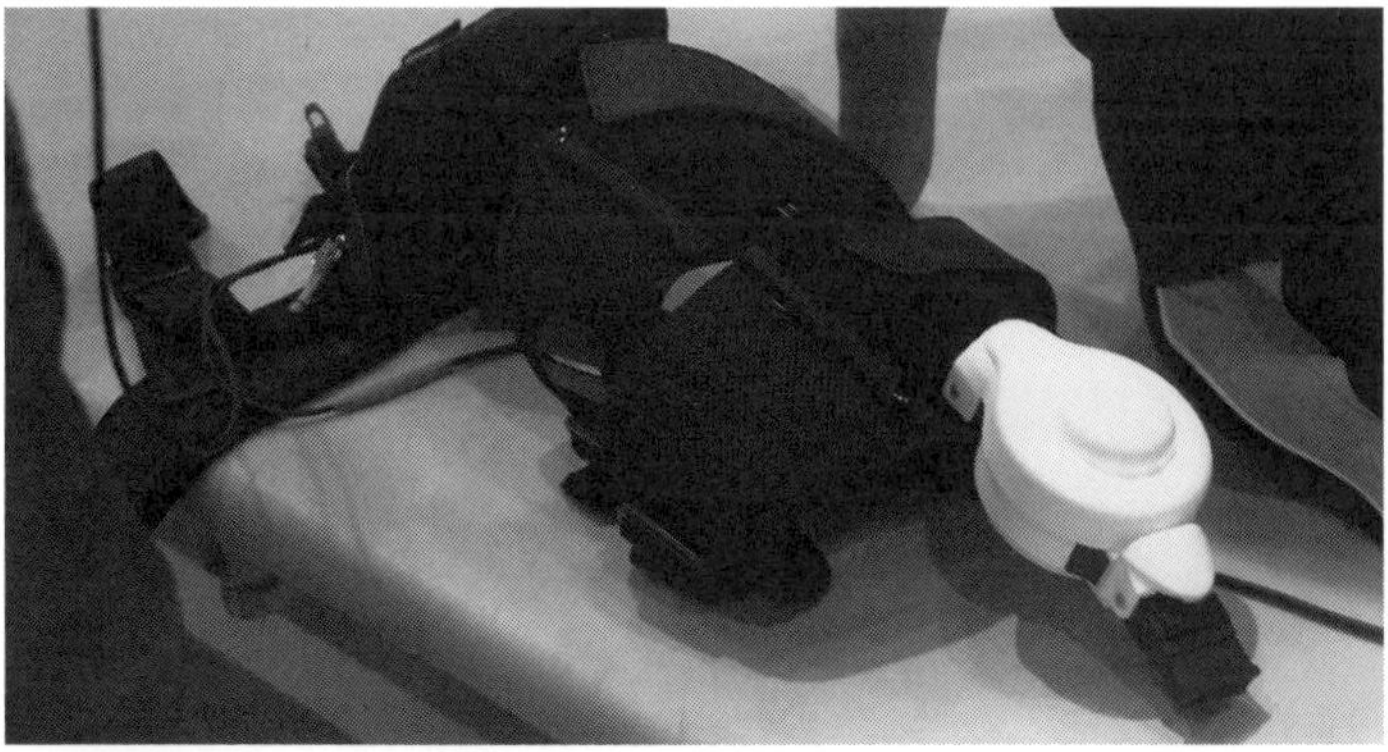

小・軽量化したHAL《ハル》単関節タイプ。

ため、一部の病院や介護《かいご》施設《しせつ》などでしか利用できませんでした（２０１５年11月、医療用《いりょうよう》ＨＡＬ《ハル》は医療《いりょう》機器としてみとめられ、２０１６年１月に保険適用《ほけんてきよう》が決定されました）。

山海《さんかい》さんは、そんな施設《しせつ》の協力も得て、ＨＡＬ《ハル》をつかったときのデータを集めています。中には、「高齢《こうれい》の患者《かんじゃ》はＨＡＬ《ハル》をつかうときにつかれやすい」などのきびしい意見もあります。そんな現場《げんば》の声に一日でも早くこたえるため、山海《さんかい》さんは日々《ひび》改良を続けているのです。

この日は、７年がかりで開発した新型のＨＡＬ《ハル》の実用化に向けた試験がおこなわれました。

それは「ＨＡＬ《ハル》単関節タイプ」。体全体ではなく、ひざやひじなどひとつの関節だけにつける小さなロボットで、重さは、脚《あし》につける下肢用《かしよう》HAL《ハル》の8分の1しかありません。機能《きのう》を改善《かいぜん》させたい部位に装着《そうちゃく》し、重点的に意思にしたがった動きをくり返すことができます。

試験に協力してくれたのは、5年前に自転車で転び、脊髄《せきずい》にダメージを負って右半身に麻痺《まひ》をかかえている男性《だんせい》。山海《さんかい》さんのもとで2年間歩行運動をおこない、現《げん》在《ざい》はつえをささえに歩けるようになりました。でも、まだひざの関節は曲がらず、どうしてもつっぱってしまうのです。

山海《さんかい》さんは、座《すわ》った男性《だんせい》のひざにセンサーをつけ、脳《のう》からの指令の生体電位信号《せいたいでんいしんごう》のようすを見ました。

「足をのばしてください」

パソコンに映《うつ》しだされた信号の波形を見て、山海《さんかい》さんは「うーん、なるほど」とうなります。気になるデータがあらわれたからです。

「ちょっと混《ま》ざってますね」

男性《だんせい》がひざをのばそうとするとき、「のばす信号」と同時に、「曲げる信号」もで

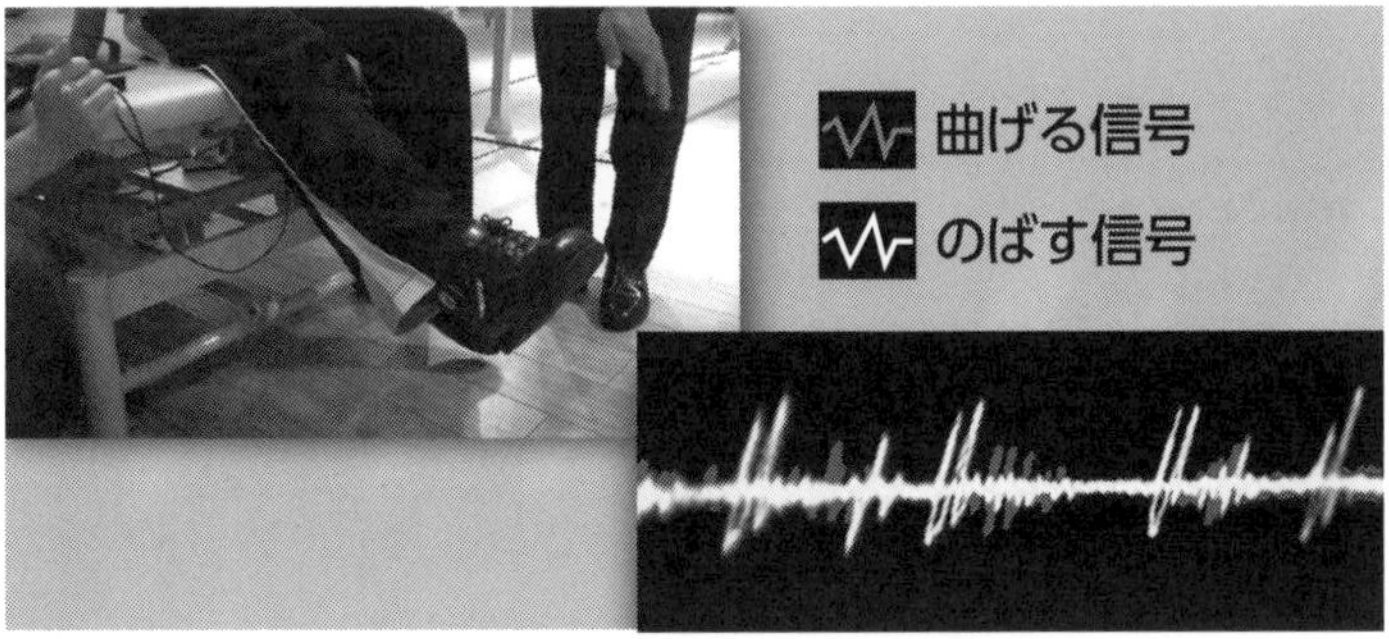

男性《だんせい》の脳《のう》からの信号がデータ化されてパソコンの画面に送られてくる。

てしまっていたのです。一生懸命《いっしょうけんめい》動かそうとすればするほど、脳《のう》からさまざまな電気信号がでてしまうのでした。

「がんばらないでけっこうですから」

山海《さんかい》さんはやさしく声をかけ、男性《だんせい》がリラックスできるように、うつぶせになってもらいました。

「じゃあ、曲げてください。がんばらないで、上がるところまででけっこうです」

「そう言われても、思うようにいかないんで……」

男性《だんせい》は、とまどいをかくせません。

男性《だんせい》は、事故《じこ》から5年間、歩きたいという強い意《い》志《し》で歩行訓練を続けてきました。年齢《ねんれい》は67歳《さい》。年をとるほど家族のサポートが必要になり、日に日にあせりが強くなっていたのです。

それでも、回を重ねるたびに、男性《だんせい》とＨＡＬ《ハル》の動きはスムーズになってきました。

訓練５回目のこの日、男性《だんせい》はついに感覚をつかんできました。

「全然がんばってないです」

と男性《だんせい》は言いました。

山海《さんかい》さんは、男性《だんせい》のひざ下をだきかかえ、笑いながら男性《だんせい》をはげましします。

「けっこう力強いですね。わたしの体がゆさゆさとゆれますよ」

センサーがとらえる生体電位信号《せいたいでんいしんごう》は、とてもきれい。曲げるときとのばすときの信号が、はっきりと分けてだせるようになっていました。

「これが興味深《きょうみぶか》いんです。ご本人は同じようにやっていても、意思に応《おう》じて動かすことのできる筋群《きんぐん》が増《ふ》えてきているんですよ」

データを本人に見せながら、山海《さんかい》さんは説明しました。

「楽です。最初にくらべると」

男性《だんせい》の顔もほころびます。ＨＡＬ《ハル》による治療《ちりょう》を続ければ、やがてひざを曲げる信号が、脳《のう》から筋肉《きんにく》へときちんとでる日がくるかもしれません。

「みごとに改善《かいぜん》してるといえるわけですよね、先生」

「ええ、そうです、そうです」

「スイッチが入ってきた感じ」

同席した研究員も、思わず言いました。

「その表現《ひょうげん》、いいね」

と山海《さんかい》さん。３人は声を上げて笑いました。

人の役に立つ技術《ぎじゅつ》が、また一歩実用化に近づきました。

「病気や障《しょう》がいがある方々《かたがた》は世界中にたくさんいる。そういった方々《かたがた》に一日も早くこういう技術《ぎじゅつ》を届《とど》けることが、ぼくの使命だ」

山海《さんかい》さんはその思いを、さらに強くしました。

✴ただ、夢《ゆめ》に向かって

研究に没頭《ぼっとう》するあまり、山海《さんかい》さんは食事に長い時間をさくことがありません。その日の昼ご飯も、コンビニエンスストアのおにぎりにカップのお味噌汁《みそしる》、そして野菜ジュース。

「何を食べてもおいしいと思ってしまうんです。こういう袋《ふくろ》に入ったものばかり食べていると、これを『お袋《ふくろ》の味』とよんだりね」

ギャグを飛ばして笑いながら、すぐに目はパソコンへ。おにぎりを頰《ほお》ばりながらも仕事を続けます。かけている眼鏡《めがね》は、お風呂《ふろ》に入るときも眠《ねむ》るときも、一日中外しません。人にはこう言って笑います。

「眼鏡《めがね》はぼくにとっては下着みたいなもの。かけていない人に対して『だいじょうぶですか?』と聞きたくなるときもありますよ」

帰宅《きたく》は、いつも深夜の2時や3時。家族はすでに眠《ねむ》りにつき、家は静まり返っています。山海《さんかい》さんも眠《ねむ》るのかと思いきや、またパソコンを開いて、結局明け方まで仕事をしました。

生活のすべてを研究にささげる山海《さんかい》さん。その原点は、少年の頃《ころ》にさかのぼります。

岡山県《おかやまけん》岡山市《おかやまし》に生まれた山海《さんかい》さんは、幼《おさな》い頃《ころ》からちょっとしたことに疑問《ぎもん》をもつ子どもでした。手足の指を動かしてはじっと見つめ、「なんでぼくの指は動くんだろう?」と考えるようなところがあったのです。

そんな山海《さんかい》さんの運命を決定づけたのは、小学3年の頃《ころ》に読んだ本でした。母が買ってくれたSF《エスエフ》小説、『われはロボット』です。

アイザック・アシモフが書いたその小説には、人間とロボットがともに生きる近未来がえがかれていました。想像《そうぞう》もできない未来の物語に、山海《さんかい》さんは夢中《むちゅう》になりました。

「子守りロボットとか、ひとの心を読むロボット。社会がどんどんロボット化していくなんて! ぼくも将来《しょうらい》は、そういうものをつくりだしていける科学者(博士)・研究者になってみたい!」

思いは強くなるばかり。ついには小学校の文集に、「ゆめ」と題してこんな作文を書きました。

「ぼくは、大きくなったら科学者になろうと思う。自分の研究所でロボットを、よりすぐれた物にしようと思う」

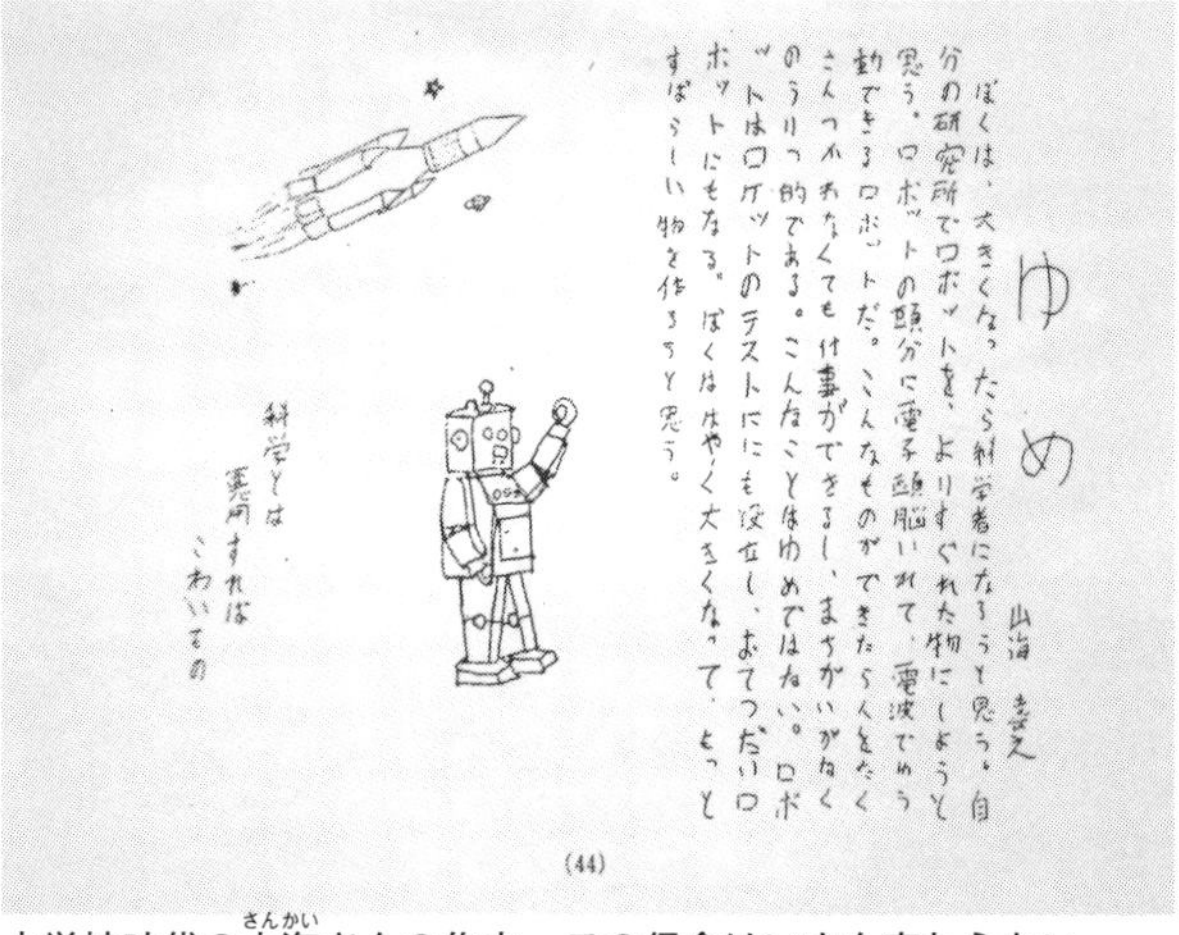

小学校時代の山海《さんかい》さんの作文。この信念はいまも変わらない。

早く大きくなって、人の役に立つロボットを生みだしたい。山海《さんかい》さんはそう心に決めたのです。

成長した山海《さんかい》さんは、筑波《つくば》大学の大学院に進学。本格的《ほんかくてき》にロボットの研究をはじめました。当時のロボットは、工場で製品《せいひん》を組み立てるような産業用がほとんどでしたが、山海《さんかい》さんのつくりたいロボットは、それとはちがいます。

「自分のつくるロボットは、こまっている人の助けにもなる、身近なものでありたい」

しかし、3年がすぎても、具体的なアイデアが固まりません。

山海《さんかい》さんは、考えたあげく、学会に属《ぞく》するのをやめ、論文《ろんぶん》を書くこともやめてしまいます。それにさく時間がもったいない、という理由でした。

それは研究者にとって常識外《じょうしきはず》れの行動でした。学会とは、学者が集まって研究成果などを発表する会合です。論文《ろんぶん》は研究結果を文章にしたもので、学者にとってそれを書いて発表することは、欠かせない仕事なのです。

それを両方やめてしまうことは、研究を評価《ひょうか》される機会を失い、研究のためにかかるお金を十分もらえないことを意味していました。

「そんなとっぴょうしもないことはやめろ」

「研究者としてやる気はあるのか」

仲間は心配しました。でも、山海《さんかい》さんはそれほど気にしていませんでした。

「こだわるところは、学会や論文《ろんぶん》じゃない」

と信じていたからです。

それから山海《さんかい》さんは、ひとりで勉強し、研究を続けていきました。そして3年をかけて未来デザイン（人とテクノロジーが共生する「あるべき姿の未来」）をまと

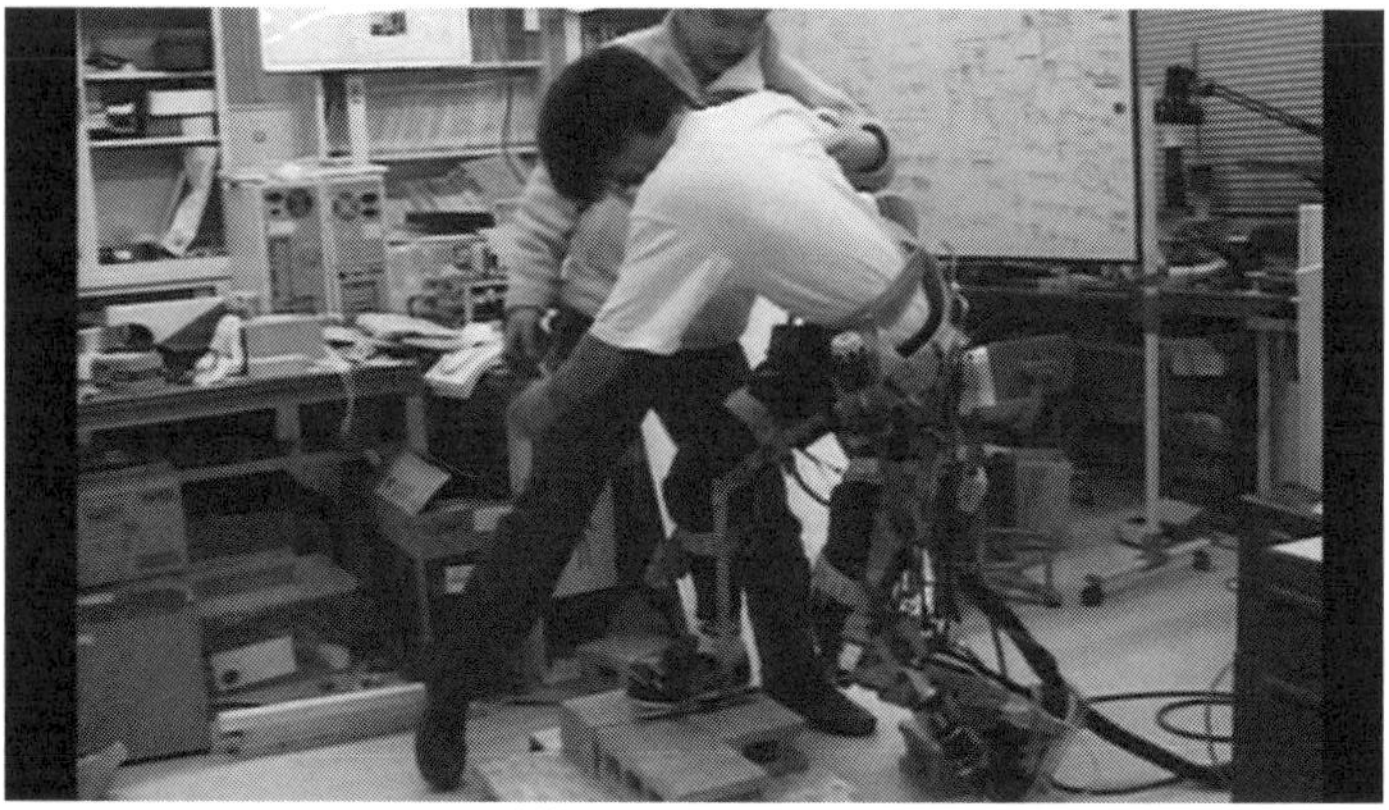

数万回の実験をくり返し、挑戦《ちょうせん》を続けた。

めあげ、新しい学問領域《りょういき》をつくりました。

それは工学（ロボット、情報《じょうほう》技術《ぎじゅつ》、人工知《ち》能《のう》など）、医学、心理学、法律《ほうりつ》、経済《けいざい》、倫理《りんり》など、さまざまな分野をひとつにまとめた、「サイバニクス」という、まったく新しい考え方でした。

「いままでの考え方は、人に似《に》せたロボットが人間のかわりに何かをおこなうというもの。そうじゃなくて、人と一体となって、人の能力《のうりょく》を飛躍的《ひやくてき》に広げるサイボーグ型のロボットがつくれないだろうか」

山海《さんかい》さんは協力してくれる人たちとともに〝身につけた人の体の一部のように機能《きのう》するサイボーグ型ロボット「ＨＡＬ《ハル》」〟の基礎《きそ》研

究開発をはじめます。

けれど、ロボットの研究は、むずかしいチャレンジの連続でした。

HAL《ハル》を身につけた人が「足を動かそう」と足をだしても、脳《のう》から体に出す「動け」という指令のスピードにHAL《ハル》の反応《はんのう》がついていけません。思わず、動かそうとするだけでなく「動け動け」と自分の体に声をかけますが、装着《そうちゃく》しているロボットが反応《はんのう》しないために、そのままたおれてしまうのです。

改良を重ね、実験はなんどもおこなわれました。実験の結果を受けてさらに改良を進め、また実験、ということをなんどもくり返しました。たおれそうになる装着《そうちゃく》者《しゃ》を、まわりの研究員があわててささえることもありました。

それでも山海《さんかい》さんはあきらめず、研究に打ちこみます。家に帰ってベッドで寝《ね》たのは、年にたったの数回ほどでした。チャレンジの連続の中で、山海《さんかい》さんは呪文《じゅもん》のように、あることばをとなえていました。

「スパイシー」

研究開発だけではなく、「人に役立つロボット」を実際《じっさい》につかってもらうには、ルールづくりなど解決《かいけつ》しなければならないいくつもの課題があるのですが、「はて、こまったな」というとき、山海《さんかい》さんはこう考えます。

「こまったことも、人生の中の調味料（スパイス）みたいなものです。苦労であっても苦痛《くつう》ではない」

そう言って、「スパイシー」と叫《さけ》ぶと、また先へと進んでいきました。

「死ぬ気でがんばります」ではなく、「かぎられた人生の中で〝生きる覚悟《かくご》〟をもって生きていこう」。それが山海《さんかい》さんの生き方なのです。

「あきらめようと思うことはないんですか？」

チャレンジが続く中でそう聞かれると、山海《さんかい》さんは、笑って首をかしげながら言いました。

「あきらめる？　逆《ぎゃく》に聞きたいですね。どういうときにあきらめるんですか？　何かやって、3年後だめだったらどうしよう？　なんてことを思っていたら、未来開《かい》拓《たく》への挑戦《ちょうせん》なんかできやしませんよ」

✴やさしく、力強く

そうして構想《こうそう》から10年後。

ついに、世界初のサイボーグ型ロボット「ＨＡＬ《ハル》」が誕生《たんじょう》したのです。ＨＡＬ《ハル》は、第一世代の１号機、第二世代の２号機、３号機、４号機、そして２００５年に愛知《あいち》万国博覧会《はくらんかい》（愛知《あいち》万博）で発表されたＨＡＬ《ハル》－５《ファイブ》というように世代交代を重ね、そのたびに進化しています。いま、革新的《かくしんてき》な治療《ちりょう》ロボットとして実用化されているＨＡＬ《ハル》医療《いりょう》用も、長年の独自《どくじ》の研究成果をもとに開発されていますが、その基本形《きほんけい》となっている全身型のＨＡＬ《ハル》－５《ファイブ》の性能《せいのう》は圧倒的《あっとうてき》でした。ＨＡＬ《ハル》を身につけると、１００キロもあるような荷物でも、もち上げようとすると軽々《かるがる》ともち上げられるのです。

画期的なロボット「ＨＡＬ《ハル》」誕生《たんじょう》のニュースは世界をかけめぐり、山海《さんかい》さんのもとには、欧米《おうべい》から「その技術《ぎじゅつ》が欲《ほ》しい」という依頼《いらい》が殺到《さっとう》しました。目的を聞くと、「軍事的に利用したいのだ」といいます。山海《さんかい》さんはその依頼《いらい》をすべてていねいに断《ことわ》りました。

「ぼくの夢《ゆめ》は、人々《ひとびと》の生活をささえる身近なロボットをつくることです。それは人を幸せにするものでなくてはなりません」

小学生のときのあの作文にも、最後にこう書いていました。

「科学とは悪用すればこわいもの」

山海《さんかい》さんの信念は、少年の頃《ころ》からゆるがなかったのです。

✴想いを、背負《せお》って

山海さんは、ＨＡＬ《ハル》の技術《ぎじゅつ》をさらに進化させようと、新たな技術《ぎじゅつ》を開発しました。

それは、脳《のう》から体へ伝達される命令を生体電位信号《せいたいでんいしんごう》としてとりだし、体を動かすためのロボットに接続《せつぞく》するのではなく、文字の入力などをするためのパソコンに接続《せつぞく》する技術《ぎじゅつ》です。

世界には、「ＡＬＳ《エーエルエス》」という、全身の筋肉《きんにく》が弱り、やがて動かなくなってしまう難病《なんびょう》をかかえている人がたくさんいます。しゃべることができず、指を動かすこともできなくなると、人に気持ちを伝えることもできなくなるのです。

目の動きなどで文字を追い、気持ちを伝える装置《そうち》はありますが、もし山海《さんかい》さんのその技術《ぎじゅつ》が確立《かくりつ》したら、はるかに早く確実《かくじつ》にコミュニケーションがとれるようになる可能性《かのうせい》があります。

ただ、難病《なんびょう》をかかえる人の生体電位信号《せいたいでんいしんごう》はとても弱かったりまばらであったりするので、それをきちんととりだすにはさらなる開発が必要です。

「とにかくなんとか成功させたい。やるからには期待にこたえたいと思っています」

そして山海《さんかい》さんは、その後1年がかりで、家庭でもつかいやすいコンパクトなサイズの装置《そうち》をつくりだしてしまったのです。

「これなら体にとりつけていられるから、車いすでもベッドでも、どこでもつかうことができますね」

と山海《さんかい》さんはうれしそうに語ります。

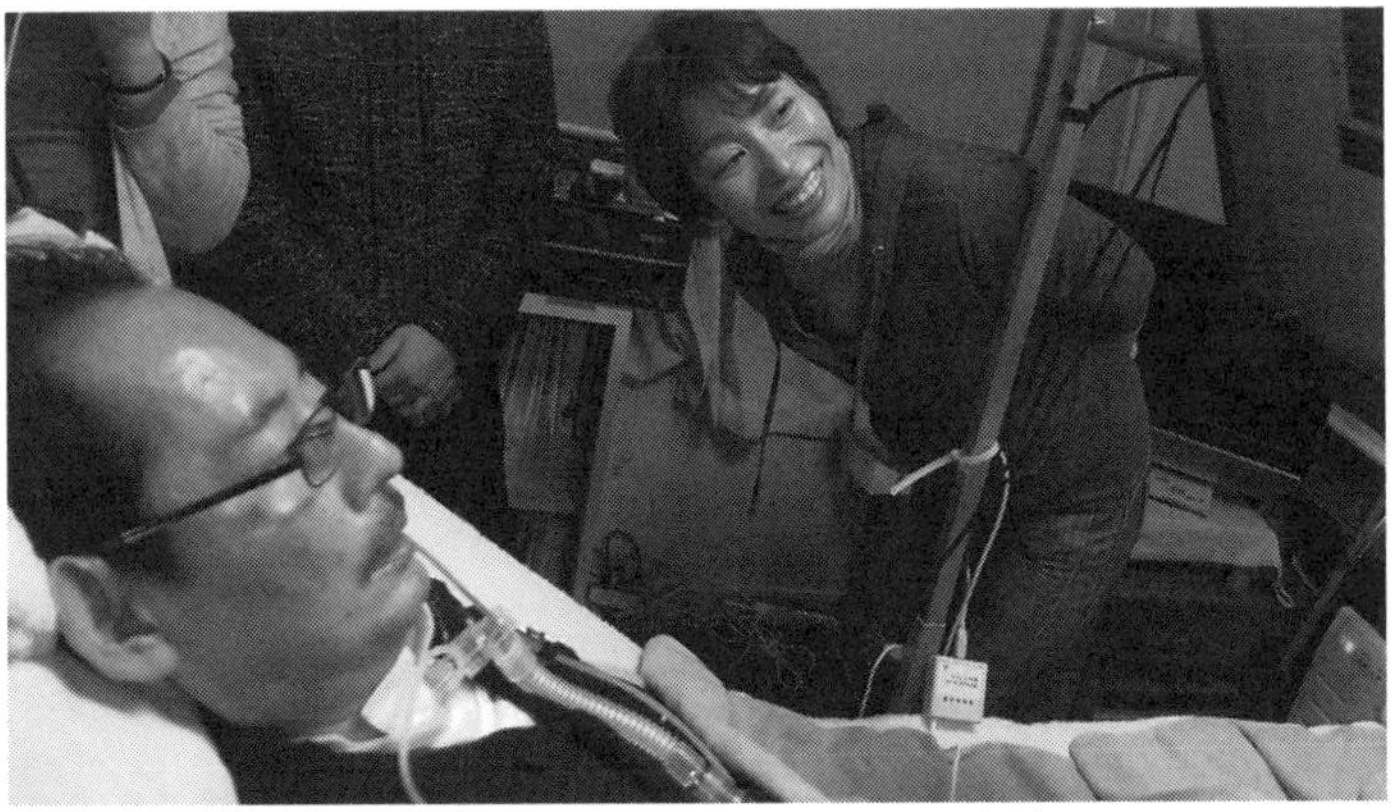
生体電位信号《せいたいでんいしんごう》を検出《けんしゅつ》することでコミュニケーションが可能《かのう》になった。

実用化に向け、現場《げんば》でのテストもはじまりました。

ALS《エーエルエス》で体の動かない男性《だんせい》が、センサーを体にはりつけました。そして体が動いていたときの動作を思い出し、その動作をするつもりで、パソコンにいまの気持ちを打ちこんでいきます。すると、

「それは楽しみ」

パソコンの画面にメッセージがあらわれました。それを見て、そばでじっと見守っていた人たちはびっくりして言いました。

「動いてます。すごいすごい！　画期的どころじゃないです。3段階《だんかい》くらい技術《ぎじゅつ》が飛んじゃった」

未来を拓《ひら》く、希望のサイボーグ

山海嘉之《さんかいよしゆき》

山海《さんかい》さんは、この脳《のう》からの命令を、意思を反映《はんえい》した生体電位信号《せいたいでんいしんごう》としてとりだす技術《ぎじゅつ》を、ある人の症状《しょうじょう》にも適用《てきよう》できないか考えていました。

その人は、33歳《さい》の男性《だんせい》です。

12年前、サッカーをしているときに突然心肺《とつぜんしんぱい》が停止し、脳《のう》に酸素《さんそ》がいかなくなったために、重度の意識障《いしきしょう》がいをかかえてしまった人でした。

医師《いし》の診断《しんだん》は、「遷延性意識障害《せんえんせいいしきしょうがい》」。自力で呼吸《こきゅう》をしたり、眠《ねむ》ったりすることはできますが、意識《いしき》があるかどうかはわからず、「コミュニケーションをとることはきわめてむずかしい」と言われてきたのです。

「生きているのに、こちらの言うことがわかってない。どういうことなのか納得《なっとく》できない……」

男性《だんせい》の両親は苦しみながら、息子とコミュニケーションをとる方法を模索《もさく》し続けてきました。

いまでは、男性《だんせい》の表情《ひょうじょう》のわずかな変化を見て「何か言いたいことがある」とわかります。でも、何を本当に言いたいのかは、わからないのです。

「息子のやりたいことを実現《じつげん》することがわたしの生きがいです。向き合う勇気をもつために、山海《さんかい》先生の力をかりたい」

そう思って、親子は山海《さんかい》さんを訪《たず》ねました。

「こんにちは」

笑顔でむかえた山海《さんかい》さんは、さっそく男性《だんせい》の運動意思を反映《はんえい》した信号を、とりだせるかどうか調べはじめました。脳《のう》に重いダメージを受けているので、その信号は超微弱《ちょうびじゃく》ですが、母親がいつもふれている男性《だんせい》の手からなら、生体電位信号《せいたいでんいしんごう》がとりだせる可能性《かのうせい》があると考えました。

「こうやって、左の手をぐーっと曲げてください」

男性《だんせい》によびかけながら、自分の左手の指を曲げ手首のほうへ動かしてみせます。男性《だんせい》の左手は動きません。ただ、センサーを通して、ほんのわずかですが生体電位《せいたいでんい》信号《しんごう》の波形が動きました。

「これが彼《かれ》の意思だとしたらすごいね」と山海《さんかい》さん。

でも、ほんのわずかな信号で、これが男性《だんせい》の意思なのかどうか確信《かくしん》はありません。

「ひざとかどうでしょうか？　ちょっと失礼しますね」

ひざや足の裏《うら》にもセンサーをとりつけます。

「右の足の指をぎゅーっと曲げて」

足は曲がりませんが、手よりも大きな反応《はんのう》がでました。しかし、やはりこれが男《だん》性《せい》の意思を反映《はんえい》しているのかどうかはわからないのです。

3週間後、そのデータを慎重《しんちょう》に分析《ぶんせき》した結果が、山海《さんかい》さんのもとに届《とど》きました。

「なーるほどね、こうなっていたわけか」

十数秒に1度、規則的《きそくてき》に反応《はんのう》が計測《けいそく》されていました。それは、運動意思を反映《はんえい》した信号ではない可能性《かのうせい》が高いことを、しめしていました。

「これは、確《たし》かにむずかしいね……」

山海《さんかい》さんは思わずつぶやきました。でも、男性《だんせい》がまったく反応《はんのう》していないともいいきれないと、山海《さんかい》さんは考えました。

「何かしようとして、この3分間ずっと……、ずっとがんばっている可能性《かのうせい》もあるかもしれない」

難病《なんびょう》をかかえる人たちや家族の想いが、山海《さんかい》さんの原動力だ。

ほかに確認《かくにん》する手段《しゅだん》はないのか、山海《さんかい》さんは深く考えはじめました。

その夜、男性《だんせい》の父親から山海《さんかい》さんにメールが届《とど》きました。

「いままでどの医療《いりょう》機関も、これだけ徹底的《てっていてき》に調べてくれたところはなかったので、地獄《じごく》に仏《ほとけ》の心境《しんきょう》でした」

そこには、息子とコミュニケーションがとれるようになることへの強い期待と、深い愛《あい》情《じょう》があふれていました。

難病《なんびょう》をかかえる人々《ひとびと》やその家族は、わらをもつかむ思いで山海《さんかい》さんのもとを訪《たず》ねてきます。でもその思いに、山海《さんかい》さんの技術《ぎじゅつ》はまだこたえきれていません。

メールを読み終えた山海《さんかい》さんは、目をとじ、

「いろんな方々《かたがた》の想いとか……いろんな想いがみなさんありますからね……」

そう言って、しばらくだまりこんでしまいました。

ポケットからハンカチをとりだすと、けっして外さない眼鏡《めがね》を上げて、こみ上げる涙《なみだ》をぬぐいます。

やがて姿勢《しせい》を正してパソコンに向かうと、自分に言い聞かせるようにつぶやきました。

「がんばらないといけません」

〝想い〟を力に

男性《だんせい》の2回目のテストの日です。

「昨日は興奮《こうふん》して寝《ね》てないんですよ」

とお母さん。山海《さんかい》さんは、特別に改良した高感度のセンサーで、反応《はんのう》がでやすいと

考えられる顔から電気信号をとりだせないかとためすつもりです。

「顔の右側の筋肉《きんにく》がキッと上がるんです。よくニッと笑ったりするので」

お母さんはそう言います。

さらに首の筋肉《きんにく》や手、足など、可能性《かのうせい》が考えられる場所をすべてためしていきました。さわったり、声をかけたりすることでも、男性《だんせい》の反応《はんのう》をひきだそうとしました。

しかし、

「一定です」

データを見つめる研究員がそう告げます。はっきりした信号をとりだすことはできませんでした。

「好きな音楽とかあるんでしょうか?」

山海《さんかい》さんは唐突《とうとつ》に、音楽をかけようと言いだしました。聴覚《ちょうかく》を刺激《しげき》してはどうかと思ったのです。

テストにつきそってくれていた、男性《だんせい》の高校時代の同級生が言いました。

「ゆずの『夏色《なついろ》』は、彼《かれ》が高校2年生のときに友だちの誕生日《たんじょうび》にあげたはずなので、たぶん印象深い曲だと思う」

さっそくその曲をかけると、山海《さんかい》さんは男性《だんせい》に声をかけます。

「リズムに乗ってちょっとスイングしましょうか。体をこうグイグイと」

そのとき、わずかですが、センサーがこれまでとはちがう信号をとらえました。

「ちがうでしょ？」

山海《さんかい》さんには確信《かくしん》がありました。

データを見つめる研究員もこたえます。

「はい、ノイズ（よけいな信号）ではない」

「ノイズじゃないよね。お母さん、手をにぎってみてください」

山海《さんかい》さんは、お母さんに息子さんの手をさするようにうながしました。

するとまた、規則的《きそくてき》ではない信号がでたのです。

2か月後。2回目のテストの分析《ぶんせき》の結果がでました。

そこには、音楽を流しはじめたときに突然《とつぜん》でてきた信号、そして、お母さんがさわっているときにあらわれた、規則的《きそくてき》ではない信号が検出《けんしゅつ》されていました。

男性《だんせい》の意思を反映《はんえい》した信号かどうかはわかりません。でも、外からの特定の刺激《しげき》に、確《たし》かに反応《はんのう》した証拠《しょうこ》でした。

「つまり……」

山海《さんかい》さんは、次につながるアイデアをふくらませはじめました。

「彼《かれ》に音楽をくり返し聞かせ、信号をだす感覚をおぼえてもらいます。そしてこんどは逆《ぎゃく》に、彼《かれ》が信号をだしたときに音楽をかけ、反応《はんのう》を返します。こういうことをしたときに、こういうことをしてもらえるという関係づけをやっていけば、それがコミュニケーションにつながるかもしれない」

分析結果《ぶんせきけっか》を見ながら、山海《さんかい》さんはまた深く考えはじめました。

困難《こんなん》をかかえる人々《ひとびと》がいるかぎり、山海《さんかい》さんの研究は終わりません。

「人間の生きる時間にはかぎりがあります。それがある以上、とことんスピードアップしてやる。わたしの時間がゆるすかぎり、いっしょに伴走《ばんそう》していきたいです」

未来を拓《ひら》く、希望のサイボーグ

山海嘉之《さんかいよしゆき》

プロフェッショナルとは

「自分自身がとことんやりぬいたことに対して、
次の瞬間《しゅんかん》には、その自分がやりぬいたことを、
さらに超《こ》えていこうとする、
そういう気持ちをもっている人たちのこと、
あるいはそういう気持ちをもち続けていく、
チャレンジャーのような人。
それが、プロフェッショナルというもんじゃ
ないでしょうかね。

第221回2014年1月20日放送

こんなところがプロフェッショナル！

未来をひらくサイボーグ型ロボット「HAL《ハル》」を開発した山海嘉之《さんかいよしゆき》さん。こんなところがすごいよ。

一日も早く技術《ぎじゅつ》を届《とど》けるのが自分の使命

病気や障《しょう》がいがある世界中の人に、一日も早く技術《ぎじゅつ》を届《とど》けていくということが、自分のひとつの使命だと考える山海《さんかい》さん。研究を日常的《にちじょうてき》にやり続けないかぎり、技術《ぎじゅつ》の進化はないと、生活のすべてを研究にささげています。

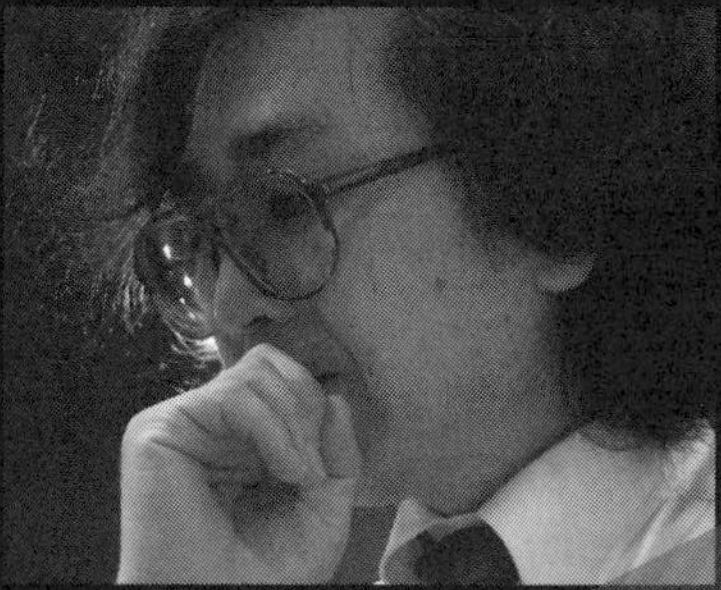

寄《よ》りそって進化していく

山海《さんかい》さんの技術《ぎじゅつ》は、それを利用する人々《ひとびと》に〝寄《よ》りそっていく〟ことで進化していきます。ロボットをどう改良すればその人の症状《しょうじょう》が改善《かいぜん》していくのか、現場《げんば》に立ち合い、困難《こんなん》をかかえる人に徹底的《てっていてき》に向き合って開発されているのです。

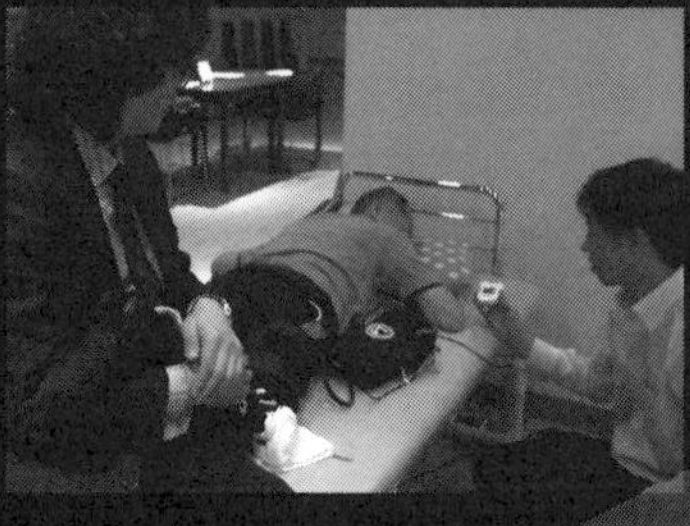

小学3年から変わらぬ想い

「ロボット研究者になりたい！」と思ったのは小学3年のとき。おもちゃではなく実験道具を買ってもらい、家でいつも実験をしていた山海《さんかい》さん。自分に興味《きょうみ》のあることや思ったことをつきつめる姿勢《しせい》は、その頃《ころ》から変わりません。

想いを力に変える

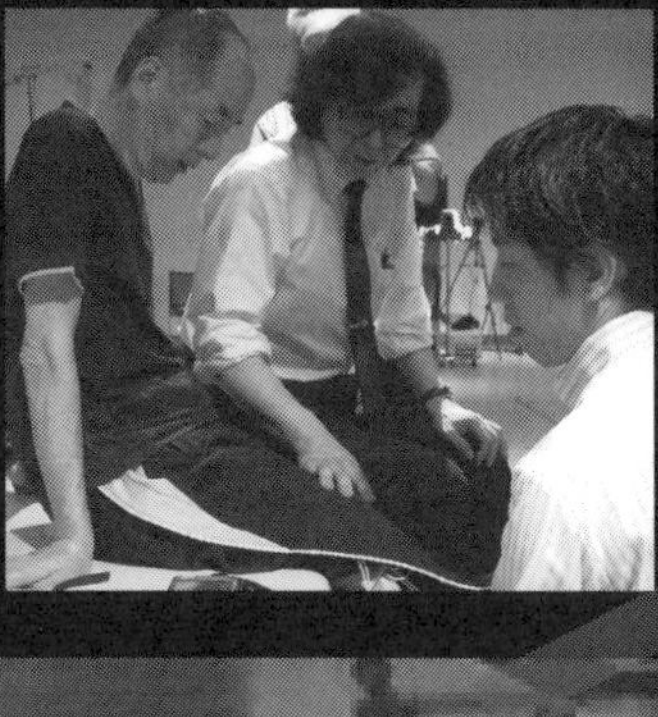

困難《こんなん》な課題に直面したら、チャレンジ精神《せいしん》でがんばればいい。でもそれとは別に、そこには本人や家族の「想い」がある。だから、自分はその想いになんとかこたえなければならない。なんとしてでもがんばらなければならない。山海《さんかい》さんの原動力は、この「想い」です。

プロフェッショナルの格《かく》言《げん》

HAL《ハル》を開発した、山海嘉之《さんかいよしゆき》さんのことばを心にきざもう。

どういうときにあきらめるんですか？

困難《こんなん》な開発を続ける山海《さんかい》さん。無理だとあきらめることはないのでしょうか？「あきらめる？ 逆《ぎゃく》に聞きたいです。どういうときにあきらめるんですか？」あきらめるという考えは、山海《さんかい》さんにはありません。

「あなたのため」から革新《かくしん》技《ぎ》術《じゅつ》は生まれる

たったひとりの方に合うものができれば、その背景《はいけい》にいる多くの方につかってもらえる。それが大きなとびらをあけ、新しい技《ぎ》術開拓《じゅつかいたく》につながると、山海《さんかい》さんは言います。

スパイシー

なにか大きな壁《かべ》にぶつかり「はて、こまったな～」と思うとき、山海《さんかい》さんは、「それは人生の調味料なんだ」という気持ちで、「スパイシー」と叫《さけ》びながら、次に向かって歩んでいきます。

ゆっくりでも、止まらなければ、けっこう進む

工学博士
國《くに》中《なか》均《ひとし》

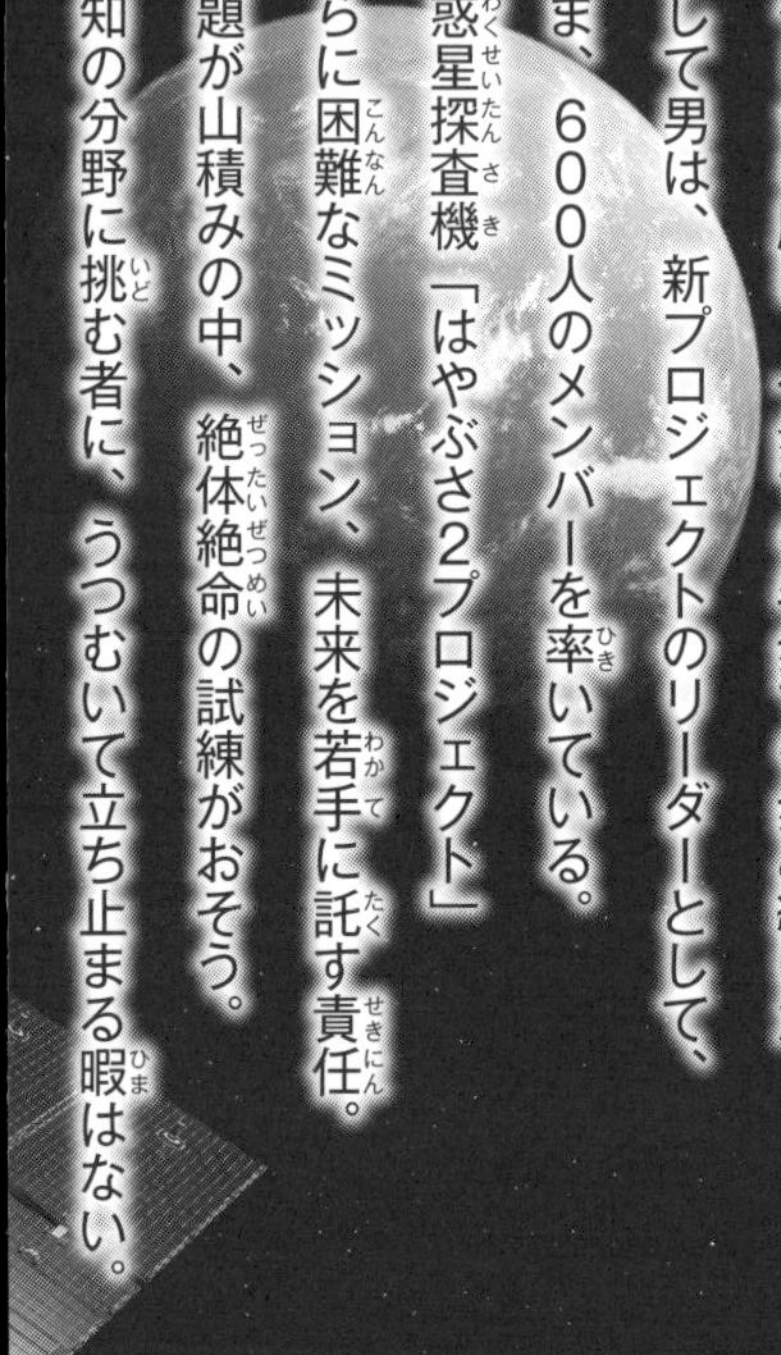

宇宙《うちゅう》の果てにある、直径わずか540メートルの小惑星《しょうわくせい》。
その探査機《たんさき》は、太陽系《たいようけい》と生命の起源《きげん》を探《さが》しに、
60億キロという途方《とほう》もない旅をして帰ってきた。
ささえたのは、NASA《ナサ》ですらつくれなかった夢《ゆめ》のエンジン。
開発した男は、大空を自由に飛ぶ夢《ゆめ》をいちずに追い続けた人だ。
研究が注目されなかった日々《ひび》、「ごくつぶし」となじられた。
くやしさを胸《むね》に、一歩でも半歩でも歩み続けた。
そして男は、新プロジェクトのリーダーとして、
いま、600人のメンバーを率《ひき》いている。
小惑星探査機《しょうわくせいたんさき》「はやぶさ2プロジェクト」
さらに困難《こんなん》なミッション、未来を若手《わかて》に託《たく》す責任《せきにん》。
問題が山積みの中、絶体絶命《ぜったいぜつめい》の試練がおそう。
未知の分野に挑《いど》む者に、うつむいて立ち止まる暇《ひま》はない。

S. Ikeshita

イラスト：池下章裕

✴宇宙《うちゅう》大航海時代の扉《とびら》を開け

ここは、日本の宇宙《うちゅう》開発の中心機関、ＪＡＸＡ《ジャクサ》（宇宙航空研究開発機構《うちゅうこうくうけんきゅうかいはつきこう》）です。その一室のドアに、名札がわりにおもちゃがぶら下がっています。それは、仮面《かめん》ライダーカブトが乗っているカブトエクステンダー。

「これ、ぼくがつくったマイクロ波型イオンエンジンを採用《さいよう》しているんだよね」

そう言ってうれしそうに笑う部屋の主は、國中均《くになかひとし》さん。ＪＡＸＡ《ジャクサ》につとめる宇宙《うちゅう》工学者です。國中《くになか》さんは、世界で初めて「イオンエンジン」という特殊《とくしゅ》なエンジンを開発した人です。

２０１０年６月、小惑星探査機《しょうわくせいたんさき》「はやぶさ」の奇跡《きせき》の帰還《きかん》に、日本国中がわきました。はやぶさは、地球から約３億キロもはなれた小惑星《しょうわくせい》「イトカワ」まで行き、その地表から砂《すな》などのサンプルをとって、７年ぶりに帰ってきたのです。その飛行をささえたのが、國中《くになか》さんのイオンエンジンでした。

イオンエンジンは、ほかのエンジンとはずいぶんちがいます。

國中均《くになかひとし》

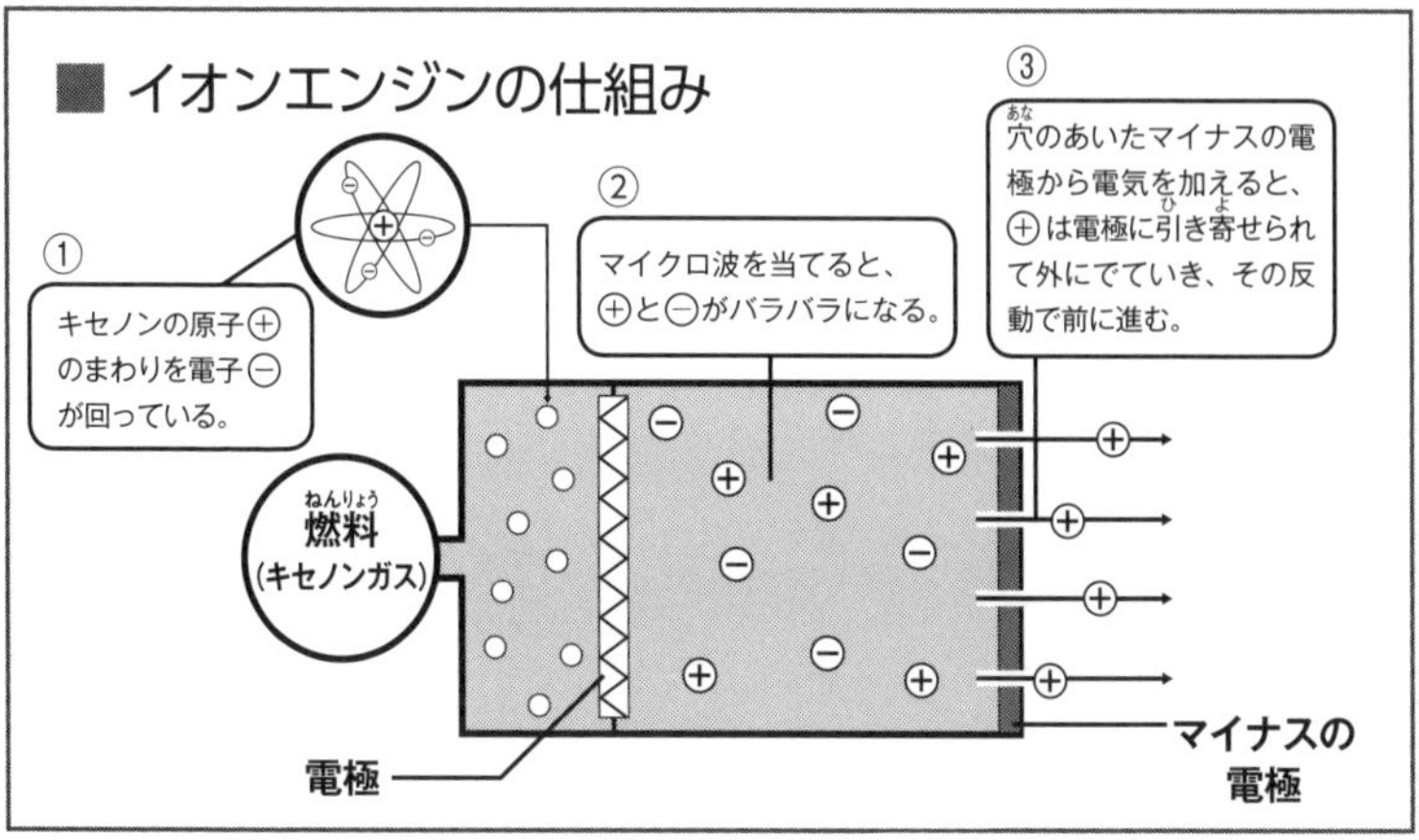
■ イオンエンジンの仕組み
①
キセノンの原子⊕のまわりを電子⊖が回っている。
②
マイクロ波を当てると、⊕と⊖がバラバラになる。
③
穴《あな》のあいたマイナスの電極から電気を加えると、⊕は電極に引《ひ》き寄《よ》せられて外にでていき、その反動で前に進む。
燃料《ねんりょう》
(キセノンガス)
電極
マイナスの電極

飛行機につかわれるジェットエンジンや、ロケットにつかわれるロケットエンジンは、燃料《ねんりょう》を燃《も》やし、そのときに生まれるガスを噴射《ふんしゃ》して前へ進みます。一方、イオンエンジンは何も燃《も》やしません。燃料《ねんりょう》は、キセノンなどのガスですが、ガスといっても、とても燃《も》えにくい気体です。

イオンエンジンは、たまたま存在《そんざい》する電子を激《はげ》しくゆさぶって加熱し、それをキセノンの原子（物質《ぶっしつ》を形づくるもっとも小さな粒《つぶ》）にぶつけてまわりを回っている電子をはぎとります。電子を失ったキセノンの原子は、プラスの電気をおびた「イオン」になります。

プラスの電気をおびたイオンは、マイナスの電極に引《ひ》き寄《よ》せられます。その電極の板には穴《あな》があいていて、引《ひ》き寄《よ》せられて加速したイオンが外へとでていきます。そのときの反動で、前に進むエンジンなのです。

イオンエンジンは、地上では1円玉を動かす程度《ていど》の弱さしかありませんが、重力のない宇宙《うちゅう》では、じょじょに加速し、時速1万キロに達します。何より大きな特徴《とくちょう》は、圧倒的《あっとうてき》に長い時間、動き続けられること。はやぶさは、わずか50キロのキセノンを積んで飛び立ち、その燃料《ねんりょう》だけで、往復《おうふく》7年間宇宙《うちゅう》を飛び続けたのです。

國中《くになか》さんは、壮大《そうだい》な夢《ゆめ》をもって宇宙《うちゅう》開発の仕事をしています。

「宇宙《うちゅう》に住めるようにしよう。宇宙《うちゅう》で人間が生きて暮《く》らしていこう。もし隕石《いんせき》が落ちてきて、地球の気候が変わっちゃったら、ここにあった遺伝子《いでんし》は全部なくなっちゃう。だから火星にも遺伝子《いでんし》をおいておく必要があると思うんだ」

火星で人間が暮《く》らすためには、調べなければいけないことがたくさんあります。たとえば、地球や火星がふくまれる太陽系《たいようけい》は、どのように生まれたのか。またわたしたちのような生命をつくるもとになったものが、何なのか。

地球や火星は、誕生《たんじょう》したあとに、表面近くの地殻《ちかく》という部分が大きく変化したり、大気や水などによって風化したりしてしまったので、生まれた頃《ころ》の状態《じょうたい》がよくわかっていません。けれど、はやぶさが行ってきたイトカワなどの小惑星《しょうわくせい》は、誕生《たんじょう》した頃《ころ》とあまり変わりがない天体なので、そのつくりを調べれば、地球や、生命の起源《きげん》を解《と》く鍵《かぎ》を手に入れられるかもしれないのです。

もちろん、人類が火星に引《ひ》っ越《こ》すなんて、かんたんなことではありません。

「〝できないよ、あきらめよう〟って思うのはいつもかんたん。その中で何かこたえを見つけるのがやっぱりおもしろい。こまったときにどんなくふうが発揮《はっき》できるか。そこに挑戦《ちょうせん》していって、まあわからなかったりうまくいかなかったりするけれど、でもその限界《げんかい》は、きっと破《やぶ》れるはずだ」

國中《くになか》さんは、そう思って仕事に向き合っているのです。

そんな國中《くになか》さんの姿勢《しせい》は、はやぶさが地球へ帰還《きかん》する直前におきた絶体絶命《ぜったいぜつめい》の危機《きき》も、解決《かいけつ》しました。

はやぶさの4つのイオンエンジンのうち、最後まで生きのこっていた1基《き》がついに止まってしまったときです。

（これでもう終わりかな。もう8割方《わりがた》、だめだろう……）

はやぶさプロジェクトのリーダーだった川口淳一郎《かわぐちじゅんいちろう》さんは、心の中で思いました。

でもそのとき、國中《くになか》さんがおどろきの解決策《かいけつさく》をしめしたのです。

こんなこともあろうと

なんと、はやぶさに、だれも知らないしかけをほどこしていたと告白したのです。

それは、生きのこった部品同士を組み合わせてエンジンを噴射《ふんしゃ》する、「クロス運転」という仕組みでした。國中《くになか》さんが打ち上げの直前にこっそりつけ加えた回路が、死にかけたはやぶさを生き返らせました。

國中《くになか》さんは、「こんなこともあろうと」ということばが、昔から好きでした。実はこのことば、アニメ『宇宙戦艦《うちゅうせんかん》ヤマト』で、ヤマトの技師長《ぎしちょう》、真田志郎《さなだしろう》のセリフです。

――「ははははは、たぶんこんなこともあろうと思ってアステロイドリングにエネルギーの吸収装置《きゅうしゅうそうち》をセットしておいたんだ」

このアニメが子どもの頃《ころ》から大好きだった國中《くになか》さん。自分でも、この真田技師長《さなだぎしちょう》のような仕事を、現実《げんじつ》にしてしまったというわけです。

イラスト：池下章裕

クロス運転によって生き返り、無事任務《にんむ》をはたした「はやぶさ」。

「やれること、人の思いつくことは全部やろう。人の想像力《そうぞうりょく》で想定されることは、すべてに対応《たいおう》できるようにやりつくそう」

國中《くになか》さんは、いつもそう思っています。念を入れた準備《じゅんび》で、ピンチをさらりと救ってみせる。それが國中《くになか》さんのひそかなプライドなのです。

JAXA《ジャクサ》は、はやぶさの後継機《こうけいき》「はやぶさ2」のプロジェクトを始動しました。はやぶさの挑戦《ちょうせん》は成功しましたが、いくつものトラブルがありました。その経験《けいけん》を生かして、こんどは別の小惑星《しょうわくせい》をめざして、サンプルを採取《さいしゅ》してこようというのです。

２０１２年、國中《くになか》さんは、その任務《にんむ》を指揮《しき》する、プロジェクトマネージャーに選ばれました。メンバーは総勢《そうぜい》６００人。20の専門《せんもん》分野に分かれ、同時並行《へいこう》で研究を進めていて、國中《くになか》さんはそれをまとめるリーダーです。

はやぶさ2の打ち上げは、２年後。その宇宙《うちゅう》の旅は、はやぶさよりももっとむずかしい旅になることはまちがいありません。

めざす目的地は、イトカワよりもさらに遠い小惑星《しょうわくせい》「リュウグウ」。イトカワより原始的な天体で、太陽系《たいようけい》ができた頃《ころ》の物質《ぶっしつ》が、よくふくまれていると考えられています。そんな小惑星《しょうわくせい》から、砂《すな》や気体などをもち帰ることをめざしているのです。

はやぶさ2には、はやぶさにはなかった新しい装置《そうち》も搭載《とうさい》します。

そのひとつが、小惑星《しょうわくせい》に弾丸《だんがん》をぶつける装置《そうち》。リュウグウへついたら、そこへ弾《だん》丸《がん》をうちこみ、直径数メートルのクレーターをつくります。地表よりも、太陽系《たいようけい》ができた頃《ころ》の物質《ぶっしつ》がふくまれる可能性《かのうせい》が高い、地中の石や砂《すな》をとるためです。

そのほか、地球から遠くはなれた宇宙《うちゅう》での高速通信、電気をつくる折りたたみ式の高性能《こうせいのう》ソーラーパネル、さらにイオンエンジンの改良など、新たな技術《ぎじゅつ》はどれひとつとっても、かんたんな開発ではありません。

その日は、プロジェクトの中心メンバーが集まって、開発がどこまで進んでいるかを話し合っていました。

「問題はいくつかあったと思うのですけど、サブシステムごとに報告《ほうこく》してください」

國中《くになか》さんがそう言うと、いろいろな報告《ほうこく》がされましたが、中でもとくに話し合ったのは、はやぶさ2の位置を正すカメラについてでした。

はやぶさ2は、初代はやぶさ同様、自分で自分のいる場所がわかります。そして、

イラスト：池下章裕

人工のクレーターをつくって、地中の石や砂《すな》を採取《さいしゅ》するのは、世界初の試み。

つねに「はやぶさ 2」プロジェクトの次の一手を考えている國中《くになか》さん。

自分が行くべき方向を見定めることができる機能《きのう》をもっているのです。

「時間にともなって、性能《せいのう》が落ちていくような傾向《けいこう》があるんです」

担当者《たんとうしゃ》は、データを見せながらそう言いました。

宇宙《うちゅう》空間を想定して、温度を激《はげ》しく変えながら実験をすると、カメラの性能《せいのう》が落ちてしまうというのです。

「まだ原因《げんいん》の特定にはいたってないのが現《げん》状《じょう》です」

こんなとき、リーダーの國中《くになか》さんは、解《かい》決《けつ》へのヒントをすばやくしめさなければなりません。

「白色光で見ると、ほとんどカメラの性能《せいのう》が落ちる原因《げんいん》が見えないけれど、特定の光だけで見ると、原因《げんいん》がわかるようなことがおきているんじゃない?」

國中《くになか》さんとて、解決法《かいけつほう》がはっきり見えているわけではありません。それでも、ひとつの信念が、國中《くになか》さんをつき動かしていました。

失敗をおそれていては、〝最先端《さいせんたん》〟は生みだせない

「最先端《さいせんたん》をつくりだすことが、自分たちの使命だ」。そう思っている國中《くになか》さんは、よくこう言います。

「うまくいかない可能性《かのうせい》が50パーセントあるからやめましょうってなったら、進歩はない。30パーセントも成功する可能性《かのうせい》があるんだから、やろうよ。いや、10パーセントでも挑戦《ちょうせん》すべきだ。挑戦《ちょうせん》しない研究者なんて必要ない」

國中《くになか》さんは、時間のゆるすかぎり、開発の現場《げんば》を回ってアドバイスをします。その日も家路についたのは深夜12時を回っていました。

✷〝お荷物〟研究者の覚悟《かくご》

久《ひさ》しぶりの休日、國中《くになか》さんは自宅《じたく》にいました。部屋を飾《かざ》るのは、鳥や飛行機など、空を飛ぶものばかりです。

手元の飛行機の模型《もけい》を指さして、語りはじめたら止まりません。

「これはエンジンが先端《せんたん》についていて、ここが流線形になってるんだ。これでけっこう抵抗《ていこう》がへる。そのかわり全体が振動《しんどう》するから……」

それを聞いて、妻《つま》の和美《かずみ》さんは苦笑い。

「わたしにはよくわかりません。説明してくれても、興味《きょうみ》がないから」

それでも和美《かずみ》さんは、はやぶさと格闘《かくとう》していた頃《ころ》の國中《くになか》さんの姿《すがた》がわすれられません。

「ため息ばっかりついてたわね。はぁー、はぁーって。顔色も悪くなって」

それは、研究者人生をかけた戦いの日々《ひび》でした。

國中《くになか》さんが空を飛ぶことにあこがれはじめたのは、幼稚園児《ようちえんじ》の頃《ころ》です。

「将来《しょうらい》は、すごい飛行機をつくる博士になりたい！」

國中《くになか》さんは、その夢《ゆめ》をもち続け、東京《とうきょう》大学大学院に進んで宇宙《うちゅう》工学を学びました。

そこで、師《し》とあおぐ人と出会ったのです。

その人は、イオンエンジン研究の世界的パイオニア、栗木恭一《くりききょういち》さん。

エンジンに「マイクロ波」という電波を利用するという、大胆《だいたん》なアイデアを温めていました。

しかしその案は実現《じつげん》にはほど遠く、だれも注目しません。

「まだ全然、だめだめなんだよ」

そう言いながらも、一生懸命《いっしょうけんめい》に研究を続ける栗木《くりき》さんを、國中《くになか》さんは尊敬《そんけい》していました。

「いまだめっていうことは、のびしろがあるっていうことだ。そんな新領域《しんりょういき》こそ、ぜひやってみたい！」

國中《くになか》さんは、なんとか栗木《くりき》さんのアイデアを形にしたいと、イオンエンジンづくりに取り組みはじめました。

お金がないので、必要な部品は東京《とうきょう》の秋葉原《あきはばら》を回って中古を買い集め、マイクロ波をだす部品は、電子レンジを分解《ぶんかい》して手に入れました。

電子レンジは、食品にマイクロ波を当てることで、ふくまれる水の粒《つぶ》を激《はげ》しく動かし、そのときにでる熱で食品を内部から温めます。「イオンエンジンにマイクロ波をつかう。マイクロ波を当てて電子をゆさぶりイオン化する」という栗木《くりき》さんのアイデアを、國中《くになか》さんは、電子レンジからとりだした部品でつくりはじめたのです。

やがて國中《くになか》さんはイオンエンジンをつくり上げました。でもそれは、アイデアがようやく形になったレベル。実用化できるようなものではありません。

それでも國中《くになか》さんは、宇宙《うちゅう》工学者が集まる学会で、イオンエンジンの仕組みと、それを宇宙探査機《うちゅうたんさき》につかうアイデアを発表しました。すると、会場からやじが飛びはじめました。

「そんなことできるわけがない！」

さらに、エレベーターに乗りあわせた先輩《せんぱい》研究者には、こう言われました。

「君たちの研究、ごくつぶしだよね」

國中《くになか》さんはショックでしたが、ことばがでてきません。そのうちエレベーターの扉《とびら》があいて、相手はでていってしまいました。

「なんで言い返せなかったんだ。くやしい……！」

そんなことが、なんどもなんどもあったのです。

そんなある日。

思わぬ人が國中《くになか》さんを訪《たず》ねてきました。同じ研究所ではやぶさの計画を打ちだした、川口淳一郎《かわぐちじゅんいちろう》さんです。初代はやぶさのプロジェクトマネージャーをつとめていた川口《かわぐち》さんは、國中《くになか》さんにこう言いました。

「成功すれば、圧倒的《あっとうてき》に遠くまで行けるイオンエンジンを、はやぶさにつかいたい」

これをのがしたら、もう二度とはめぐってこない大チャンスです。國中《くになか》さんはすぐにこたえました。

「やってみせます！」

それからが、格闘《かくとう》の日々《ひび》でした。

はやぶさが小惑星《しょうわくせい》と地球を往復《おうふく》するには、1万時間の運転にたえられることが必要です。けれど、どうしても國中《くになか》さんのイオンエンジンは、100時間でこわれてしまうのです。

改良の鍵《かぎ》は、「中和器」の作動電圧《でんあつ》を下げることだとはわかっていました。「中和器」は、プラスの電気をおびたイオンがエンジンから外にでたとき、マイナスの電気をあたえてプラスの電気を消すための装置《そうち》です。そうしないとイオンがもどってきてしまい、前へ進む力がでなくなります。

國中《くになか》さんは、中和器の内部の磁場《じば》の強さや形、そして配置のしかたの組み合わせを、ひたすら考え、実験をくり返しました。

ところが、1年がたち、2年がすぎても、いっこうに耐久力《たいきゅうりょく》はのびません。

「この研究には、出口がないんじゃないか……」

國中《くになか》さんは、次第に夜も眠《ねむ》れなくなりました。

「この方法はまちがっているのかもしれない。こたえがないのかもしれない……」

ついに國中《くになか》さんは、栗木《くりき》さんに会いにいくと、こらえきれず泣きだしました。

「もう、開発をやめたいです」

師《し》とあおいだ栗木《くりき》さん（右）と國中《くになか》さん（左）。

すると栗木《くりき》さんは、そっと言ったのです。

「歩くのはかまわない。でも止まってはいけないよ」

未知の荒野《こうや》を歩み続けてきた恩師《おんし》のことばに、國中《くになか》さんははっとしました。

「どんなにこわくても、どんなにゆっくりでも、足を前にだすことだけは、やめてはいけない。それが、未知の分野に挑《いど》む者の、もっとも大切な姿勢《しせい》なんだ」

國中《くになか》さんは、いつこたえがでるともしれない磁石《じしゃく》の組み合わせ実験に、もう一度挑《いど》みはじめたのです。

そうして1年がたったある日のこと。

いつものように、ある組み合わせをためしたときでした。突然《とつぜん》、中和器の作動電圧《でんあつ》が30ボルト以下を記録したのです。
それは、イオンエンジンに開発のめどが立った瞬間《しゅんかん》でした。

ゆっくりでも、止まらなければ、けっこう進む

「ゆっくりでも、信じるものがあれば、きっと進められる。あきらめずに少しずつ、半歩でもいいから前に進んで、どれだけねばるか、ねばれるかなんだ」

國中《くになか》さんは、栗木《くりき》さんのことばを、あらためてかみしめました。

✴不可能《ふかのう》を超《こ》えて

12月。はやぶさ2の開発プロジェクトは、山場をむかえていました。開発中の新型イオンエンジンが、宇宙《うちゅう》空間でどんな状況《じょうきょう》におかれても正しく動くか、さまざまなテストが続いています。テスト用のエンジンでチェックができる期間は、のこりわずか。2月には、いよいよ実際《じっさい》の打ち上げにつかう本番用エンジンの組み立てが

はじまるのです。

ところが1月22日。國中《くになか》さんのもとに、ある報告《ほうこく》が上がってきました。

「本番用のイオンエンジンの組み立てですが、メーカーの部品製造《せいぞう》が遅《おく》れて、スケジュール的に間に合いそうにないんです」

それを聞いた國中《くになか》さんは、思わず口調がきびしくなりました。

「もう、あとのこり1年ないんだからね。わかってんのか、担当《たんとう》は？」

「もちろん、わかってると思います」

「大問題になってきたな。いっぺん、しめにいかないといけないな」

國中《くになか》さんは、イオンエンジンの開発チームを緊急《きんきゅう》に集めました。すでにスケジュールはぎりぎり。これ以上遅《おく》れれば、冬に予定されている打ち上げが危《あや》うくなります。

「まじめにやる気、つくる気があるのか？」

國中《くになか》さんはあきれたというように首をふりながら、メンバーをじっと見つめました。目の前にいるメンバーやメーカーのエンジニアたちが必死の努力を続けていることはわかっています。それでもあえて強い口調で言いました。

きびしい口調でチームに活を入れる國中《くになか》さん。

「決まったスケジュールまでにものができませんでしたって言ったら、はやぶさ2は飛ばないよ。それ、君たちの責任《せきにん》だよ」

國中《くになか》さんは、神妙《しんみょう》な顔でうつむいている若《わか》い男性《だんせい》を指さし、語気をさらに強めました。新型イオンエンジン開発の中心メンバー、細田《ほそだ》聡史《さとし》さんです。

「これいま、一番ここがいまピンチだからね。泣きごと言ってもしょうがないよ。くびになると思ってやってもらわないと。だってそういう仕事でしょ」

細田《ほそだ》さんもほかのメンバーも、何も言い返せません。ただ気まずい時間ばかりがすぎていきます。

ゆっくりでも、止まらなければ、けっこう進む

國中均《くになかひとし》

「まあ、やりきるしかないよ」

國中《くになか》さんは静かに言いました。

「ほかのサブシステムは、すごくがんばっているんだからね。イオンエンジンだけできませんでしたよっていうわけにいかないよ」

國中《くになか》さんは、身をもって知っています。どんなにむずかしくても、「絶対実現《ぜったいじつげん》してみせる」という強い意志《いし》がなければ、最先端《さいせんたん》をねらう開発などできやしない。その強い意志《いし》こそが、日本の宇宙《うちゅう》開発を高いレベルでささえてきたのです。

國中《くになか》さんはそのことを知って欲《ほ》しくて、はやぶさ2のプロジェクトには、細田《ほそだ》さんたち若手《わかて》に責任《せきにん》ある仕事をまかせていました。

「宇宙《うちゅう》プロジェクトの仕事は、10～20年かかる。いまから20年後まで、ぼくはメインプレーヤーとしてはとても働けない。いまの若《わか》い人たちにそれを引《ひ》き継《つ》いでやってもらうことになる。そういう20年の仕事の入り口のところに、そのチャンスをつくるのが、たぶんぼくのいまやらなければならない仕事なんじゃないか……」

　そんな思いがあったのです。

「このむずかしい開発に挑《いど》む中で、自分たちが受《う》け継《つ》いできたチャレンジャー精神《せいしん》を、次の世代に伝えたい。これまでも、みんなでバトンをつなぐように、つなげてつなげてつなげて、だんだん育ってきたんだもの」

そのことは、細田《ほそだ》さんもわかっています。イオンエンジンの推進力《すいしんりょく》と耐久性《たいきゅうせい》をさらに高めるため、この6年間、身を粉《こ》にして研究に打ちこんできました。

もうずっと、家族もかえりみず、イオンエンジンのことしか考えてない日々《ひび》をすごしているのです。

短いお昼休み。細田《ほそだ》さんはお弁当《べんとう》をあけました。ひときわおいしそうに、卵焼《たまごや》きが輝《かがや》いています。

「8歳《さい》の息子がぼくのためにつくってくれたんだ。息子のおきている顔なんて、何日もまともに見ていない父親なのに……」

デスクの後ろに飾《かざ》られているのは、息子さんがかいたはやぶさ2の絵。イオンエンジンが見えるような角度でかかれている絵に、細田《ほそだ》さんは力をもらっていました。

メーカーから部品が届《とど》く日は、2週間後と決まりました。到着後《とうちゃくご》はただちに試験

プレッシャーと戦いながら、イオンエンジンの開発を進める細田《ほそだ》さん。

をおこない、性能《せいのう》を確認《かくにん》しなければならないスケジュールです。

細田《ほそだ》さんは、少しでも時間をかせごうと、部品をとりつける練習をしていました。これから先、ひとつのミスもゆるされません。

「やらないと夢《ゆめ》にでるんだ。やべーな、あれ確認《かくにん》してないな、とか」

メンバーにそうこぼしながら、細田《ほそだ》さんは、考えられるかぎりの準備《じゅんび》をしていました。

とうとう、部品が到着《とうちゃく》する日の朝がきました。まだだれもきていない試験室にあらわれたのは、國中《くになか》さんでした。

どんなにむずかしいミッションであろうと

も、問われるのは結果だけ。そのすべての責任《せきにん》は、プロジェクトマネージャーである國中《くになか》さんにかかっています。

「こわいなぁ。すごくこわい」

メンバーには言いませんが、國中《くになか》さんは、内心不安でたまらないのです。

「大きなまちがいをしているかもしれない。何か月後は、関係者みんなに謝《あやま》っているかもしれない。でもあんまりそこを考えると、プロジェクトメンバーがおじけづいちゃう」

だから、不安な顔は見せないようにしているのです。

「メンバーみんなこわいにちがいない。最後の一番こわいところは、ぼくがかかえていこう」

國中《くになか》さんは、どんなにこわくとも、エンジンの組み立ても試験も、細田《ほそだ》さんたち若手《わかて》にまかせると決めていました。そうした一つひとつを彼《かれ》らの手でやり終えてはじめて、宇宙《うちゅう》開発は未来へとつながっていくからです。

夕方、まちにまった部品が、ついに届《とど》きました。

「足元注意！」

細田《ほそだ》さんともうひとりのメンバーが、梱包《こんぽう》された巨大《きょだい》な荷物を車から慎重《しんちょう》にとりだし、試験室へと運びます。

ふたをあけると、メーカーの職人《しょくにん》たちが、最高の精度《せいど》でつくり上げた特注品がずらっと並《なら》んでいました。

「はあ、深呼吸《しんこきゅう》。さあやるぞ」

マスクに手袋《てぶくろ》をした細田《ほそだ》さんは、自分を勇気づけるように言うと、メンバーにも声をかけました。

「じゃあフライトモデル作業です、声かけ！　慎重《しんちょう》にいきましょう」

「はい」

「とりだします」

そう言うと、細田《ほそだ》さんは、部品をひとつケースからもち上げました。

「何かあったら声をかけてください」

と別のメンバー。

「はい。とおします」

細田《ほそだ》さんの指示《しじ》で、エンジンへの部品のとりつけがはじまりました。組み上げるパーツの総数《そうすう》は、およそ600。手でもてるほどの大きさですが、そのどれもが替《か》えのきかない一点ものです。

細田《ほそだ》さんは、慎重《しんちょう》に部品をさしこみました。

「手ばなします。はい、そろそろ。そろそろそろそろ、はい、ストップ」

思わず額《ひたい》を腕《うで》でぬぐいます。

「中和器ください。そっちから」

手わたす方向まで指示《しじ》します。ネジのしめ具合も、一つひとつ入念に確認《かくにん》しながら、作業は進んでいきました。

リーダーの國中《くになか》さんは、本当に、一度もようすを見にきませんでした。

組み立てをはじめて8時間が経過《けいか》。時計はすでに深夜12時を回っています。

ついに完成したイオンエンジンを、細田《ほそだ》さんたちは、宇宙《うちゅう》空間と同じ真空装置《そうち》へと入れました。これから運命の噴射《ふんしゃ》試験がはじまるのです。

ゆっくりでも、止まらなければ、けっこう進む

國中均《くになかひとし》

「プラズマ点火させます。では、はじめます」

実験担当者《たんとうしゃ》の声に、細田《ほそだ》さんは「はい」とこたえました。

「3、2、1　MPA《エムピーエー》ローボルオンしました」

細田《ほそだ》さんはモニターを見ると、「点火確認《かくにん》です」とこたえます。

「どちらもついてる。イオン源《げん》も中和器もばっちり」

安心して、思わずそんなことばが飛びだしました。

「では次、イオン加速開始しますがよろしいですか」と担当者《たんとうしゃ》。

いよいよイオンを噴射《ふんしゃ》し、エンジンを加速させます。

「はい、お願いします」

「3、2、1」

そのときです。細田《ほそだ》さんは「おっ」と、一瞬《いっしゅん》おどろきました。モニターに映《うつ》ったエンジンの光が、チカチカとして安定しません。

「ちょっと加速が不安定、明滅《めいめつ》してます」

そう細田《ほそだ》さんは状況《じょうきょう》を説明しました。

こんなとき、どうすればいいのか。細田《ほそだ》さんは考えました。國中《くになか》さんがいないので、自分たちだけで判断《はんだん》をくださなければなりません。

細田《ほそだ》さんはパソコンに向かって状況《じょうきょう》を調べ、このままつと決めました。回路にのこっていた残留《ざんりゅう》ガスが、一時的に影響《えいきょう》しているだけだと考えたのです。

5分後。新型イオンエンジンは、安定して動きはじめました。

「元気についてます。まったくだいじょうぶ、勇気がわく結果！」

細田《ほそだ》さんはエンジンのようすを確認《かくにん》し、

「さっきの火が入る瞬間《しゅんかん》まで『動くはず』だったのが、『動く』に変わった」

力強くそう言いました。

早朝、試験室に國中《くになか》さんがやってきました。細田《ほそだ》さんは徹夜《てつや》明け。國中《くになか》さんの姿《すがた》を見て作業着をはおります。

「チカチカして何かと思ったけど、たぶん残留《ざんりゅう》ガスで。その後すぐなくなったので」

すぐに実験の結果を報告《ほうこく》しました。

國中《くになか》さんはなんども深くうなずきながら、細田《ほそだ》さんが話し終えると、こう言いま

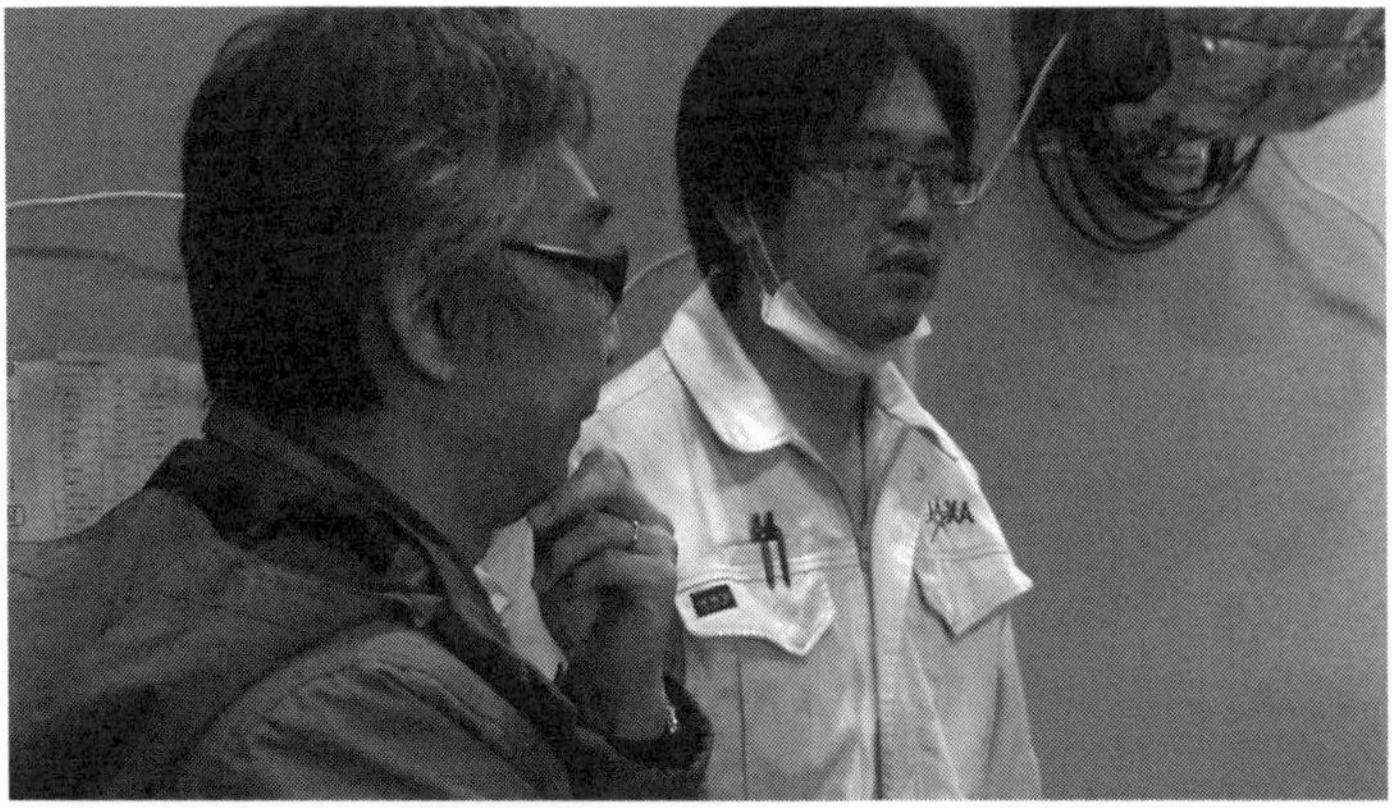

細田《ほそだ》さん（右）からの実験報告《ほうこく》をうなずきながら聞く國中《くになか》さん（左）。

した。

「すごいな」

それを聞いた細田《ほそだ》さんは、久しぶりに笑顔を見せました。

せまる打ち上げに向け、國中《くになか》さんたちの戦いは、これからきびしさを増《ま》していきます。

それでもいまは、この結果を喜びます。

「グッドラック！」

國中《くになか》さんは中指を人さし指にひっかけ、幸運を祈《いの》るよというジェスチャーをしておどけ、ほかの開発現場《げんば》のようすを見に、試験室をでていきました。

＊
＊
＊

はやぶさ2は、２０１４年12月３日、種子島宇宙《たねがしまうちゅう》センターから打ち上げられました。予定では、２０１８年の夏にリュウグウへ到着《とうちゃく》。約18か月のあいだ、その小惑星《しょうわくせい》に滞在《たいざい》し、地球へもどるのは２０２０年末の予定です。

竜宮城《りゅうぐうじょう》から、どんな玉手箱をもって帰ってくるか、そのときがくるまで、國中《くになか》さんや細田《ほそだ》さんたちの仕事は気がぬけないのです。

写真：読売新聞社

2014 年 12 月 3 日。リュウグウに向けて旅立つはやぶさ２。

ゆっくりでも、止まらなければ、けっこう進む

國《くに》中《なか》均《ひとし》

プロフェッショナルとは

生き馬の目をぬくっていうことかなと
ぼくはいつも思っていて、
そのなるべく早くすみやかにそれから
すごくくふうをしてしたたかにするって
いうこと、まあそれがプロフェッショナル
じゃないかなと思います。

第227回2014年4月7日放送

こんなところがプロフェッショナル！

宇宙《うちゅう》開発に人生をかけて挑《いど》む、國中均《くになかひとし》さん。
こんなところがすごいよ。

空を飛ぶことへの情熱《じょうねつ》

小さな頃《ころ》からロケットだけでなく、鳥や飛行機、『宇宙戦艦《うちゅうせんかん》ヤマト』のようなアニメに夢中《むちゅう》になり、空を飛ぶことを夢見《ゆめみ》てきた國中《くになか》さん。その情熱《じょうねつ》は、語りはじめたら止まりません。

くやしい気持ちも、エネルギーに変える

國中《くになか》さんがいつももち歩いているノートには、とある企業《きぎょう》に協力を断《ことわ》られたときの文書がはってあります。そのときのくやしさをわすれず、どんなネガティブなことでも、自分が前に進むエネルギーに変えていくのです。

次の世代に引《ひ》き継《つ》ぐ

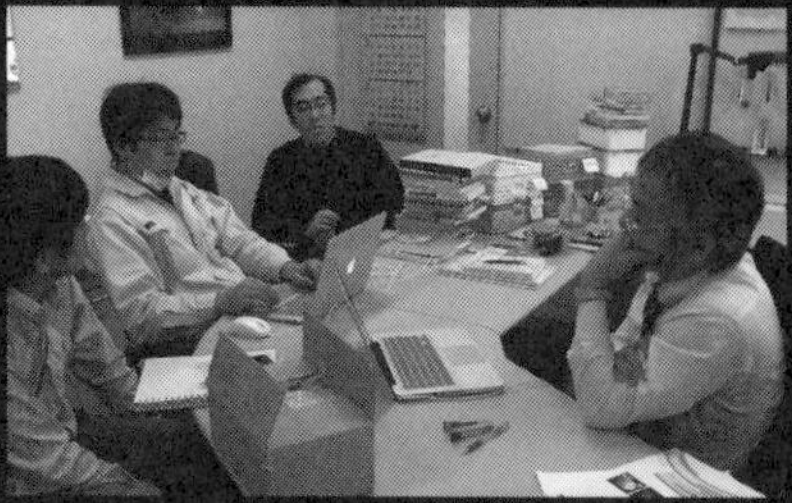

宇宙《うちゅう》開発のプロジェクトは数十年にもおよびます。いまだけでなく、次のプロジェクトを進めていくため、自分より若手《わかて》のメンバーにも仕事をまかせ、その情熱《じょうねつ》を未来へとつなげていくのも大切な仕事のひとつです。

すべての責任《せきにん》をかかえる

プロジェクトマネージャーである國中《くになか》さんは、失敗したときの責《せき》任《にん》をすべて負う、重要な立場にいます。どんなに失敗がこわくても、まわりのメンバーを不安にさせないよう、けっして不安な顔をしないようにしています。

プロフェッショナルの格《かく》言《げん》

進み続ける工学博士、國中均《くになかひとし》さんのことばを心にきざもう。

挑戦《ちょうせん》しない研究者なんて必要ない

宇宙《うちゅう》開発の現場《げんば》は問題の連続。しかし、失敗をおそれず挑戦《ちょうせん》し続けなければならないと國中《くになか》さんは言います。挑戦《ちょうせん》し続けることで、最先端《さいせんたん》のものをつくりだせるのだと國《くに》中《なか》さんは考えているのです。

こんなこともあろうと

大好きなアニメで、ピンチを救うときに技《ぎ》術者《じゅつしゃ》が言うこのセリフが昔から好きだった國中《くになか》さん。だれにも教えずにこっそりつけ加えた回路で、はやぶさの地球の帰還《きかん》直前の危機《きき》を救い、このことばを実践《じっせん》しました。

歩くのはかまわない。でも止まってはいけない

「はやぶさ」プロジェクトで、イオンエンジンの開発が進まず、いっこうに成果があがらなかったとき、恩師《おんし》から、どんなにこわくても、あきらめずに少しずつ、ねばり強く半歩でも進むことを教わったそうです。

独《どく》創《そう》力《りょく》こそ、工場の誇《ほこ》り

町工場経《けい》営《えい》者《しゃ》

竹《たけ》内《うち》宏《ひろし》

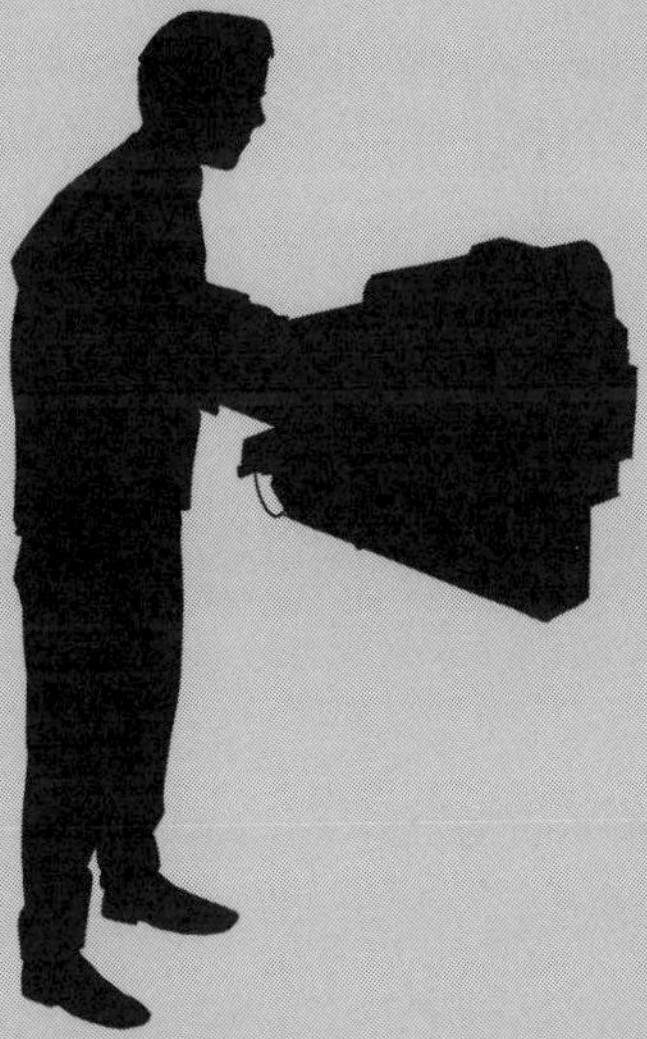

その男のもとには、世界中から極秘《ごくひ》の依頼《いらい》がもちこまれる。
つくっているのは、プラスチック部品をつくるための「金型」だ。
小さな町工場の腕《うで》に、自動車から文房具《ぶんぼうぐ》まで、製品《せいひん》づくりの命運がかかる。
けれど男が手がけるのは、頼《たの》まれた仕事だけではない。
不可能《ふかのう》といわれた超小型《ちょうこがた》の製造装置《せいぞうそうち》をつくりだし、
製造《せいぞう》業界のどぎもをぬいた。
ものづくりひとすじ50年。倒産《とうさん》の崖《がけ》っぷちに立たされたこともある。
それでもあきらめなかったのは、自分のつくるものの価値《かち》を信じたから。
そんな男に、これまで経験《けいけん》のない特殊《とくしゅ》な仕事が舞《ま》いこんだ。
自分と同じ、町工場でふんばる親子のため、
立ちはだかる壁《かべ》を絶対《ぜったい》に越《こ》えたい。
「だめだね」なんて、結論《けつろん》をだすのは早すぎる。

✳“発信する”町工場

東京都《とうきょうと》品川区《しながわく》の住宅街《じゅうたくがい》。線路ぞいの脇道《わきみち》に、ひときわ古びたトタン屋根の建物がありました。人ひとりがやっとぬけられるほどの細い通路を進むと、奥《おく》の部屋から何やら話し声が聞こえてきました。

「今朝、テレビ見てたのよ」

「はあ」

「犬の水の飲み方ってのをやってたのね。こうベロがあるとね、こういうふうにしゃくってるんだよね」

男は左手を犬の舌《した》に見立て、内側にしゃくってみせました。

「なんでこうやって内側に入れるのかな?」

聞いているふたりは、突拍子《とっぴょうし》もない問いかけに、どう返していいかわかりません。それでも、人の気づかない目のつけどころには感心しています。

「なんか理由があると思うんだよね。おかしいよね?」

独創力《どくそうりょく》こそ、工場の誇《ほこ》り

竹内宏《たけうちひろし》

朝の雑談《ざつだん》が大好きなこの人は、竹内宏《たけうちひろし》さん。町工場を経営《けいえい》して40年以上になります。疑問《ぎもん》をぶつけていたのは、工場の社員。その部屋は工場の事務室《じむしつ》をかねた設計室《せっけいしつ》で、事務机《じむづくえ》が人数分並《なら》び、その上にはパソコンがおかれていました。

雑談《ざつだん》を終えると、竹内《たけうち》さんはメールのチェックをはじめました。

「おもしろい話がまた舞《ま》いこんできたねぇ」

メールを読みながら、思わずつぶやきます。

竹内《たけうち》さんのもとには、国内外のメーカーから、毎日のように相談が寄《よ》せられます。メーカーとは、製品《せいひん》をつくりだす会社のこと。原材料を加工して、製品《せいひん》をつくりだし、それを売っている会社です。自動車、家電、コンピューター、文具店……、その分野はさまざまです。

分野を問わず、あらゆるメーカーとの取り引きがある竹内さんの工場。その仕事は、製品《せいひん》の部品を形づくるための「金型づくり」です。

「金型」とは、プラスチックやゴム、ガラスなど、材料を流しこんで、欲《ほ》しい形をつくるための金属製《きんぞくせい》の型です。

たとえばたい焼きを焼くとき、水でといた小麦粉を流しこむ金属《きんぞく》の型があります。これも金型の一種です。この型をつかってたい焼きを焼けば、同じ形のたい焼きがいくつも焼けます。

竹内《たけうち》さんの工場では、こうした金型のうち、プラスチック部品をつくるための金型を専門《せんもん》につくっています。

金型は、ものづくりの基本《きほん》です。メーカーは、金型をつかってつくりだした部品を組み立てて、製品《せいひん》をつくります。部品の多い製品《せいひん》は、それだけ金型の種類も必要で、金型がひとつでもうまくつくれていないと、でき上がる製品《せいひん》の品質《ひんしつ》が悪くなってしまいます。

部品づくりに欠かせない金型は、金属《きんぞく》のプレートに部品の形の溝《みぞ》をほってつくる。そこにとかしたプラスチック樹脂《じゅし》を流すと、部品ができる。

その日はちょうど、あるメーカーから依頼《いらい》された金型の最終調整をする予定です。竹内《たけうち》さんは、設計室《せっけいしつ》のとなりにある工場へと向かいました。

その金型は、おとなのてのひらほどの大きさです。太い鉄製《てっせい》のプレートの表面に、とけたプラスチックを流しこむための溝《みぞ》がほられています。

「コンマ2（0.2ミリ）か？」

「PL《ピーエル》からね。で、コンマ1（0.1ミリ）下がったんだよね」

社員がふたり、話をしています。

金型は、ふたつの型があわさってできています。完成したプラスチック部品は、ふたつの金型が開いたときにとりだせる仕組みで、そのふたつの型のあわさる面のことをパーティングライン（PL《ピーエル》）といいます。ふたりは、厚《あつ》さわずか0.1ミリの精《せい》密《みつ》部品をつくる金型を仕上げていたのです。

竹内《たけうち》さんは、その金型でつくったプラスチック部品の確認《かくにん》をはじめました。肉眼《にくがん》では見えないので、顕微鏡《けんびきょう》をつかいます。部品がきちんとできていれば、金型に問題がないとわかります。

「これはね、ゲート（材料になるプラスチック樹脂《じゅし》の入り口）をでかくするべきだと思う。もっともっと入りやすくしといて」

竹内《たけうち》さんは、ふたりにそう指示《しじ》しました。

金型職人《しょくにん》になって50年。技《わざ》をきわめている竹内《たけうち》さんの指示《しじ》は的確《てきかく》です。でも、竹《たけ》内《うち》さんのすごさは金型づくりの腕《うで》だけではありません。２００４年に竹内《たけうち》さんは、ある機械をつくって世にだしました。

それは、「射出成形機《しゃしゅつせいけいき》」という、できた金型をとりつけて、部品をつくる機械でした。竹内《たけうち》さんは自分の工場でこの機械をつくり、逆《ぎゃく》にメーカーに売りこんだのです。

竹内《たけうち》さんのつくった射出《しゃしゅつ》成形機は、材料となるプラスチック樹脂《じゅし》を入れると、中で樹脂《じゅし》が高温でとかされて金型に流しこまれ、とけた樹脂《じゅし》は、金型の形に応《おう》じてさまざまな形状《けいじょう》の部品になるというものでした。

メーカーからたのまれて金型をつくっていた工場が、自ら成形機をつくって、逆《ぎゃく》にメーカーに売りこむということは、それだけでもおどろきでしたが、業界がどぎもをぬかれたのは、その機械のサイズでした。

■ 射出《しゃしゅつ》成形機の仕組み

金型をとりつけ、プラスチック樹脂《じゅし》をとかして流しこみ、部品をつくる機械です。

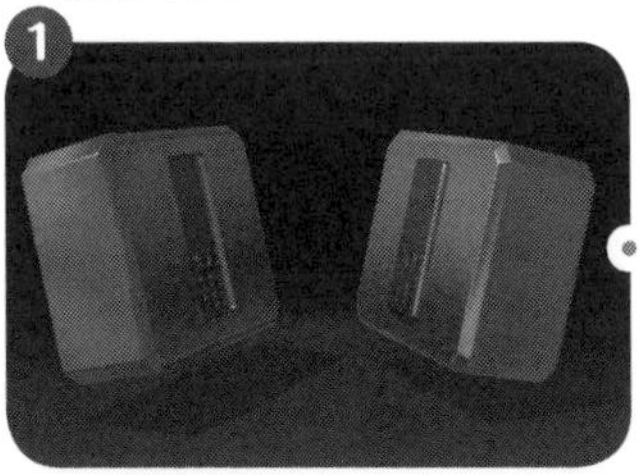

つくりたい形の金型をつくる。

金型を射出《しゃしゅつ》成形機にとりつける。

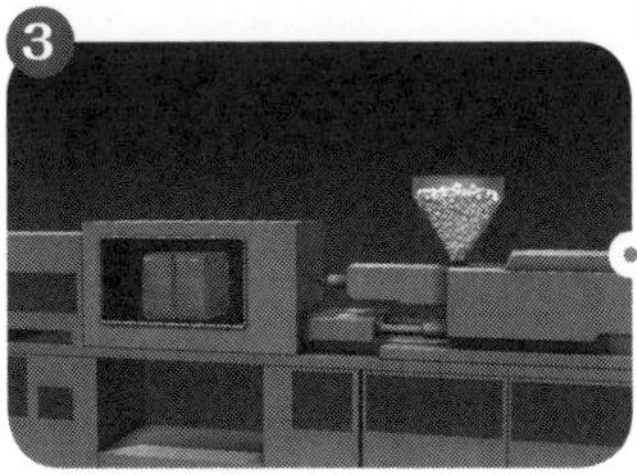

プラスチック樹脂《じゅし》を入れて、
高温でとかす。

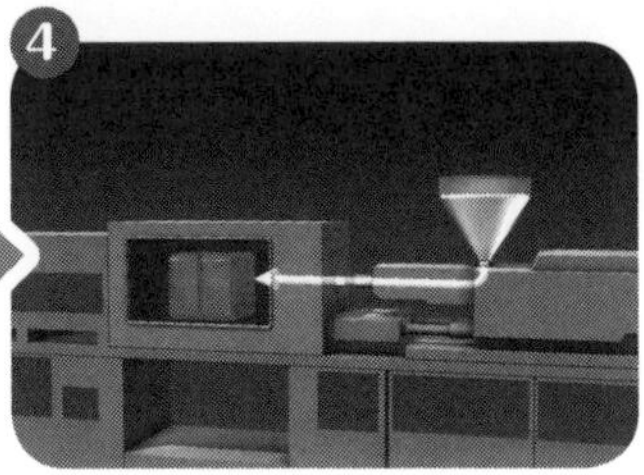

とけたプラスチック樹脂《じゅし》を金型に
流しこむ。

プラスチック樹脂《じゅし》を冷やして固め、
金型からとりだす。

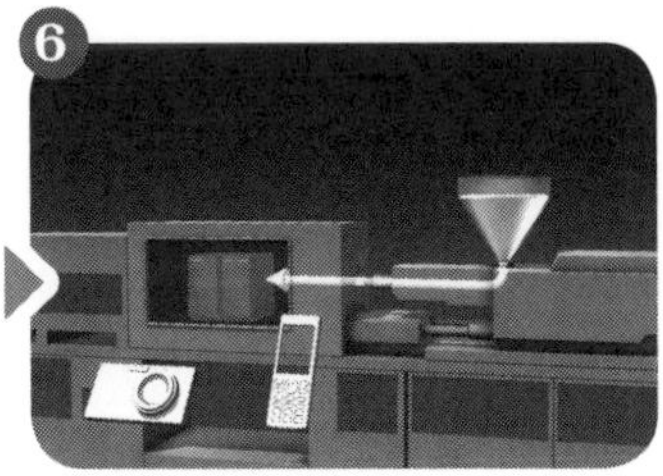

樹脂《じゅし》は金型の形状《けいじょう》に応《おう》じて、
さまざまな形になる。

竹内《たけうち》さんの工場が独自《どくじ》開発した製品《せいひん》。

射出《しゃしゅつ》成形機は、もともと巨大《きょだい》な装置《そうち》でした。小型化するのは不可能《ふかのう》だといわれていましたが、竹内《たけうち》さんは、それを卓上《たくじょう》サイズにまで小さくし、メーカーの工場のようすを一変させてしまったのです。

「大革命《だいかくめい》ですよ。コロンブスの卵《たまご》！」

「小さい部品をつくるには、これじゃなくちゃだめ。これはもう、うちのためにつくってもらったような機械だ！」

この機械を購入《こうにゅう》したメーカーの人たちはそう言います。

そのほかにも竹内《たけうち》さんは、50以上の製品《せいひん》を新たに開発してきました。

「でき上がりごとにお金をもらう仕事で得た

100万円の利益《りえき》と、自分で開発した製品《せいひん》で得た10円の利益《りえき》、わたしはたぶん同じだと思う。それどころか、その10円のほうが、もっともっと価値《かち》が高いような気がするんだ」

竹内《たけうち》さんは、社員にそう言っています。

「たのまれて開発したものは、依頼《いらい》してきたお客さんのマーケットで、お客さんのお金でやってるわけだ。それはしょせんお客さんのもの。でも、自分で考えて自分でつくったものは、自分のマーケットになる。それはわれわれのものなんだよ」

将来《しょうらい》にわたってずっと売れ続けるものなど何ひとつありません。だからこそ竹内《たけうち》さんは、つねに明日売れるものを探《さが》し続けています。二番せんじをいくらじょうずにやっても、だれも評価《ひょうか》してくれない。だから明日に備《そな》えて、どこにもない製品《せいひん》を開発してこそ、時代を先どりできる。竹内《たけうち》さんはそう思っているのです。

その日も竹内《たけうち》さんは、大手文具メーカーとの打ちあわせで、こんな話を切りだしました。

「実は提案《ていあん》があるんです」

「そうですか、何か、新ネタでも？」

とりだしたのは、ある装置《そうち》の設計図《せっけいず》でした。

「プラスチックの加工を、大幅《おおはば》にスピードアップさせる装置《そうち》なんです」

たとえば、この文具メーカーでつくっているボールペン。カラフルなグリップ部分と、透明《とうめい》な本体の部分は、通常《つうじょう》は別々《べつべつ》の工程《こうてい》でつくり、あとで合体させます。「二色成形」とよばれる方法です。

「でも、この装置《そうち》をつかえば、二色成形がもっとかんたんにできます」

竹内《たけうち》さんはそう売りこみました。けれど実はその機械、未完成なのです。

「装置《そうち》はまだ開発途中《とちゅう》ですが、それでもできます」

竹内《たけうち》さんはそう断言《だんげん》しました。

40パーセントぐらいできるかなと思った時点で、竹内《たけうち》さんは「できます」と口にしてしまいます。そう言ってしまった時点で、「実はできませんでした」ということばはなくなります。自分を追いこみ、そのための努力を一気に高めるのです。

数か月後、竹内《たけうち》さんは断言《だんげん》どおり、売りこんでいた装置《そうち》の試作品を手にしていま

■ 二色成形

ちがう素材《そざい》を組み合わせて、ひとつに成形すること。このボールペンの場合、グリップのラバーと本体のプラスチックの二色成形。

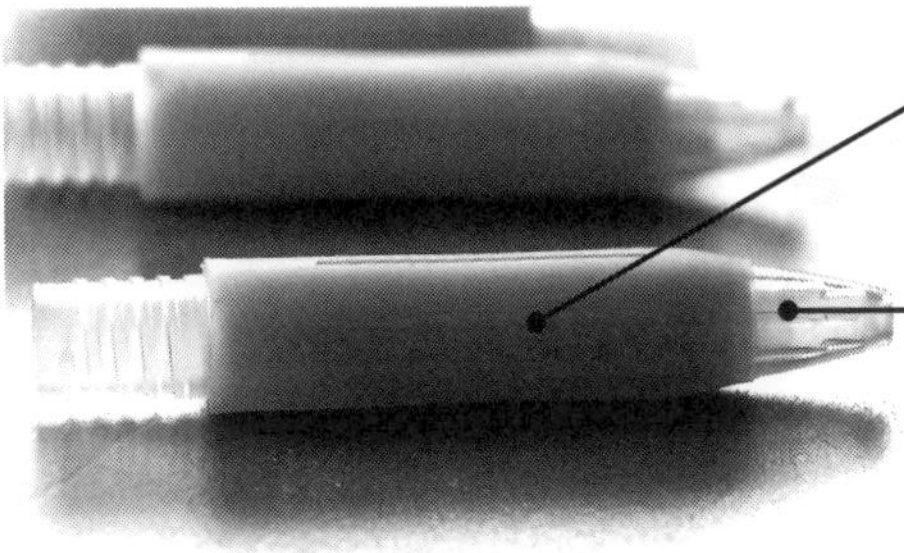

した。

「いいねえ」

装置《そうち》がプラスチック樹脂《じゅし》を発射《はっしゃ》するようすを見つめ、竹内《たけうち》さんはうれしそうです。

「でも、もっと小さくつかいやすい製品《せいひん》にしよう。ちょっと図面だけ変えるわ」

竹内《たけうち》さんは、設計図《せっけいず》を前に考えはじめました。こだわっていたのは、金型にとりつける射出《しゃしゅつ》部分の形状《けいじょう》です。

「いまよりとりつけやすくするには、どうするか……」

なんどもなんども設計図《せっけいず》を書き直します。

頭の中には、ふたつの思いが入り混《ま》じっていました。

「将来《しょうらい》この装置《そうち》を、工場の経営《けいえい》をささえる柱のひとつにしたい」

という願い。

「でも、はたして市場に受け入れてもらえるか……」

という不安。

新製品《しんせいひん》の開発は、会社の経営者《けいえいしゃ》にとって、覚悟《かくご》を問われ続ける孤独《こどく》な闘《たたか》いです。

開発に何年かかるのか？　売れるまでに何年かかるのか？

でも、不安に負けて立ち止まってしまったら、それまでついやした時間、労力、お金など、すべてがむだになってしまいます。

走り続ける信念

竹内《たけうち》さんは、「つくれる。受け入れてもらえる」「信念さえあれば開発できる。ここでひき下がるわけにはいかない」と強く信じ、設計図《せっけいず》に向き合い続けました。

半月後。

射出装置《しゃしゅつそうち》がついに完成しました。竹内《たけうち》さんはうれしくて、手にとって眺《なが》めます。でも、メーカーはこの装置《そうち》に興味《きょうみ》をしめしてくれるのか、やはり不安は消えません。

「また新しいものを見ていただきたいなあ、と思っているんですけれども」

竹内《たけうち》さんは、ある大手精密《せいみつ》機器メーカーに、その装置《そうち》をもっていきました。かばんからとりだした小さな射出装置《しゃしゅつそうち》に、メーカーの技術者《ぎじゅつしゃ》たちは、思わず身を乗りだします。

「成形機とまたちがった考え方でですね……」

竹内《たけうち》さんは、その性能《せいのう》を熱く語りはじめました。

それは、超小型《ちょうこがた》の射出装置《しゃしゅつそうち》。プラスチック樹脂《じゅし》を高温でとかし、圧力《あつりょく》をかけて発射《はっしゃ》することができます。片手《かたて》で持てるほど小さく軽いのが特長で、金型にじかにとりつけることができます。

「射出《しゃしゅつ》成形機で加工したプラスチックに、さらにこの射出装置《しゃしゅつそうち》で別の色のプラスチック樹脂《じゅし》を流しこめば、二色成形が一気にできるんです」

二色成形は、さまざまな製品《せいひん》につかわれています。この方法が確立《かくりつ》できれば、多

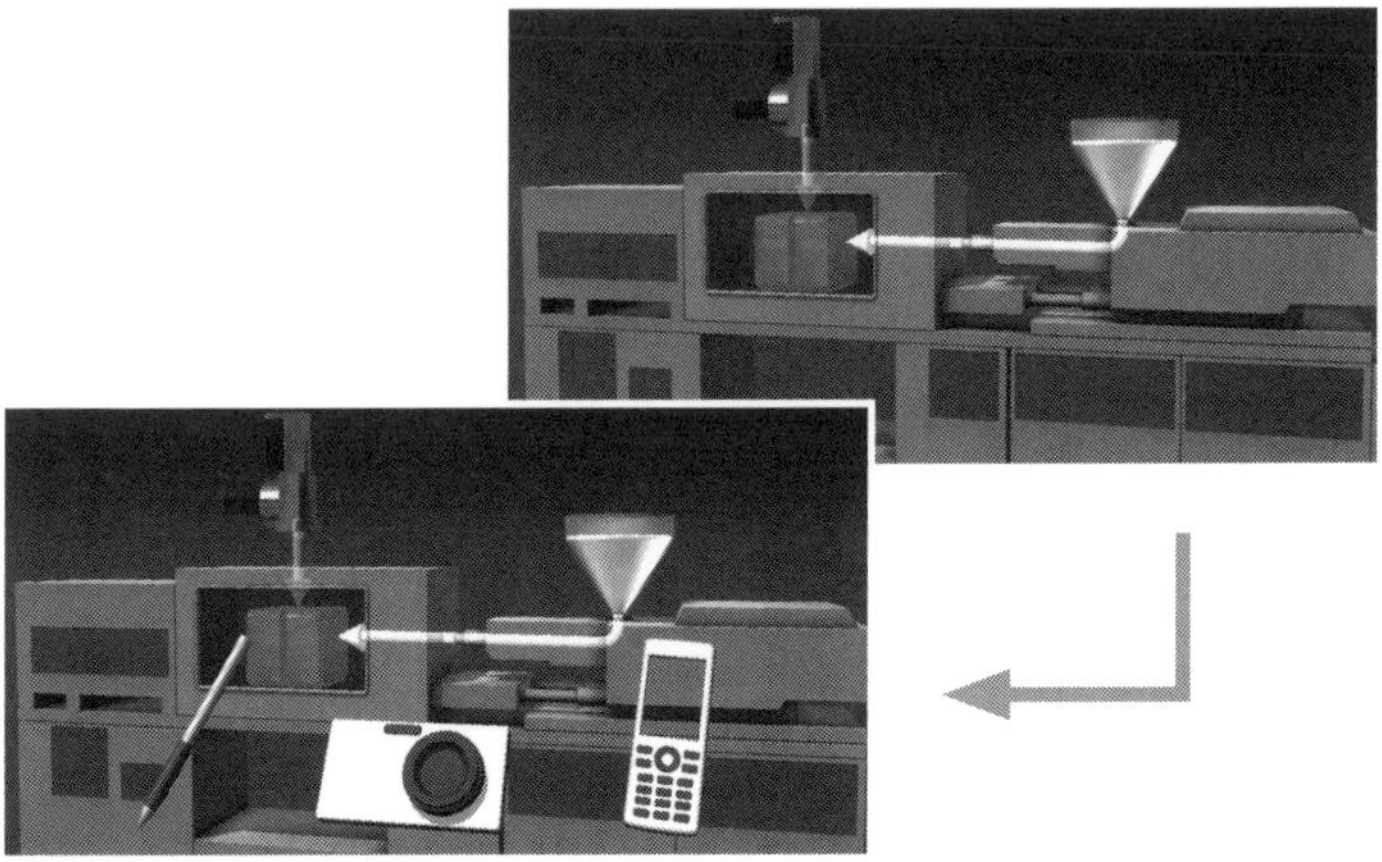

射出《しゃしゅつ》成形機に小型の射出装置《しゃしゅつそうち》をつけ、一度に２つの部品をつくる。これにより、従来《じゅうらい》のプラスチックの加工を大幅《おおはば》にスピードアップできる。

くのメーカーが買ってくれるのではないかと竹内《たけうち》さんは思っていました。

技術者《ぎじゅつしゃ》たちが興味津々《きょうみしんしん》にその機械を見ています。

「この中にスクリューが入ってるんですか？」

「はい」

と竹内《たけうち》さん。

「これを金型にそのままつけるんですか？」

「そうです」

「おもしろい！」

技術者《ぎじゅつしゃ》たちは、これまでにないアイデアにおどろきをかくせません。この装置《そうち》で広がる可能性《かのうせい》を想像《そうぞう》すると、自然と笑えてきます。そして、竹内《たけうち》さんにこう言ったのです。

「これからの進め方を具体的にしたいですね」

竹内《たけうち》さんは、新たなマーケットが開ける可能性《かのうせい》を感じていました。

✴49歳《さい》、奈落《ならく》の底へ

オリジナルの開発にこだわる竹内《たけうち》さん。その思いは、人生のどん底をはい回る中でつちかわれました。

竹内《たけうち》さんが、ものづくりの仕事にふれるようになったのは中学2年のとき。父親が金型工場で働きはじめたことがきっかけでした。

もともと機械いじりが大好きだった少年は、高校卒業後、金型をつくる工場に就《しゅう》職《しょく》し、27歳《さい》のときには自分で会社をつくって独立《どくりつ》します。

最初は順調でした。

大手メーカーからひっきりなしに金型づくりの依頼《いらい》が入りました。

ところが、創業《そうぎょう》から12年目。日本の経済状況《けいざいじょうきょう》はかつてないほどに大きく変化し、メーカーは製品《せいひん》づくりの場を、外国へ移《うつ》しはじめました。そのほうが安くつくれて、もうけが多くなるからです。

（世の中が変わってくる。すぐに仕事がなくなるわけじゃないけれど、金型も、海外との競争に当然さらされるだろう……）

当時、竹内《たけうち》さんの会社には、15人の職人《しょくにん》がいました。社長である竹内《たけうち》さんには、従業員《じゅうぎょういん》に安定して給料をわたし、その家族の暮《く》らしを守る責任《せきにん》があります。

「なにか生きのこる方法はないか……」

考え続けた末、竹内《たけうち》さんはあることを思いつきました。

「仕事をもらうために、金型をもっとつかいやすくしたらどうだろう」

当時、金型はとても大きく、重さが100キロ近くもありました。そのため、交《こう》換《かん》にも手間がかかっていました。

竹内《たけうち》さんは、樹脂《じゅし》を流しこむ肝心《かんじん》の部分は別にして、ほかの部分を手軽に交換《こうかん》できるように改良したのです。

「これは立派《りっぱ》な商品だ！」

取引先のメーカーは喜び、この製品《せいひん》は次々《つぎつぎ》売れました。このとき竹内《たけうち》さんは悟《さと》ったのです。

「独自《どくじ》開発をもっと成功させれば、生きのこれるかもしれない！」

竹内《たけうち》さんはさまざまな開発に着手しました。

中でも力を入れたのが、金型をとりつけてプラスチック部品をつくる、成形機の小型化です。さっそく試作を重ねましたが、それは想像《そうぞう》以上にむずかしく、なかなか思うようにいきませんでした。

そんな竹内《たけうち》さんをさらなる試練がおそいます。景気が悪くてメーカーの製品《せいひん》が売れないため、金型の発注が激減《げきげん》したのです。同じ業界の工場が、次々倒産《つぎつぎとうさん》に追いこまれていきました。

竹内《たけうち》さんの工場も、ついに赤字に転落。

「これから給料が下がります」

竹内《たけうち》さんがやむなく従業員《じゅうぎょういん》にそう伝えると、従業員《じゅうぎょういん》の半数が会社をやめたいと言いだしました。

「この開発中の成形機がうまくいけば、絶対《ぜったい》に売れるようになるから、もうちょっとがまんしてくれ」

そう言ってとめる竹内《たけうち》さんに、彼《かれ》らは言いました。

「売れるようになるって言ってから、何年たちますか？」

成形機の開発は依然《いぜん》として先が見えません。竹内《たけうち》さんにはなんの約束もできませんでした。

夜はなんども悪夢《あくむ》にうなされました。材料を買っている会社や、お金を借りている銀行などから支払《しはら》いを催促《さいそく》される夢《ゆめ》を見て、おどろいて目が覚めるのです。頭をかすめるのは「倒産《とうさん》」の文字。しかし、

（いま開発をあきらめたら、あとは転がり落ちるしかない……）

竹内《たけうち》さんは、昼も夜もなく、家族とすごす時間も犠牲《ぎせい》にして、ひたすら設計図《せっけいず》に向かいました。

独創力《どくそうりょく》こそ、工場の誇《ほこ》り

竹内宏《たけうちひろし》

竹内《たけうち》さんが 17 年かけて開発した、画期的な小型成形機。

そうして開発をはじめて17年後、ようやく納得《なっとく》のいく成形機ができあがったのです。それは、従来《じゅうらい》の成形機の20分の1という、おどろくほどの小ささでした。しかも、つかう電力は10分の1で済《す》むという、画期的な機械でした。

それを見た町工場の仲間は言いました。

「おれ、いま、鳥肌《とりはだ》が立っているよ」

その成形機は次々《つぎつぎ》と売れ、工場の経営《けいえい》はもち直しました。その後、金型の仕事がへる中でも、竹内《たけうち》さんの工場の売上げをささえ、いまも、収益《しゅうえき》の4割《わり》をかせぎだしています。

竹内《たけうち》さんはこの経験《けいけん》をとおして、ある信念をもったのです。

オリジナルこそが明日の可能性《かのうせい》を生む

竹内《たけうち》さんがこのときつくった成形機は、いまもつかわれています。

ある大手メーカーの研究施設《しせつ》を訪《たず》ねた日、トップシークレットの場所で、竹内《たけうち》さんの機械が動いていました。苦心して生みだしたその機械を目にした竹内《たけうち》さん。

「感激《かんげき》しますね、ここまでやっていただくとは」

思わず、熱くなる目頭をおさえました。

✳町工場、次の世代へ

6月。竹内《たけうち》さんは福島《ふくしま》に向かっていました。仕事を依頼《いらい》してきた竹村敏明《たけむらとしあき》さんに会うためです。

竹村《たけむら》さんは、竹内《たけうち》さんと名字が1字ちがいですが、年齢《ねんれい》も近く、やはり町工場の経営者《けいえいしゃ》です。

独創力《どくそうりょく》こそ、工場の誇《ほこ》り

竹内宏《たけうちひろし》

竹村《たけむら》さんの工場は、主に自動車用のプラスチック部品の生産をうけ負っていて、すぐれた技術《ぎじゅつ》をもっていました。

「今回新たに、竹内《たけうち》さんの開発した成形機と金型を導入《どうにゅう》したいんです」

ただそれは、自動車の部品ではないと言います。

「実は、これまで取り引きのなかった医療《いりょう》機器メーカーから、部品の製造《せいぞう》を打診《だしん》されているんです」

その部品は、とてもむずかしい加工が必要な、全長1センチに満たない極細の部品でした。しかもその中に1・35ミリの空洞《くうどう》をあける必要があるといいます。人の体で、ガンなどの最先端治療《さいせんたんちりょう》につかうため、わずかな失敗もゆるされません。

「これはとびきりむずかしい」

竹内《たけうち》さんはそう感じました。竹村さんにも、それはよくわかっています。それでも、どうしてもこの仕事に挑《いど》みたい理由があったのです。

「お世話になっております」

打ちあわせに顔をだしたのは、竹村《たけむら》さんの息子の広一《ひろいち》さんです。

「なんでまた継《つ》ぐ気になったの？」

竹内《たけうち》さんは、さっそく広一《ひろいち》さんに聞きました。

「現場《げんば》でいっしょにふたりでいろいろやってみたいと思いました。まだおやじが動けるうちに、学べること学んで、やりたいなというのがあったものですから」

息子のことばを、目をふせて聞いている竹村《たけむら》さん。実はこの秋、広一《ひろいち》さんに工場を託《たく》すことにしていました。

「自動車の部品は、どんどん海外でつくられるようになってね。その中で、何か国内にのこる品物も手がけていかないと。せっかく息子が継《つ》いでもね」

竹村《たけむら》さんは、息子に工場をゆずるため、今回の仕事で新たな分野への道すじをつけてやりたいと思っていたのです。

それを知って、竹内《たけうち》さんはつぶやきました。

「やりがいがありますね」

うけ負った仕事のめどは7月中。わずかひと月です。

竹内《たけうち》さんは自分の工場へ帰ると、さっそく金型の検討《けんとう》にとりかかりました。

「金型の片側《かたがわ》に、ピンをしこんだらどうだろう？　ピンのまわりにプラスチック樹《じゅ》脂《し》を流しこめば、空洞《くうどう》のあいたカプセルができるかもしれない」

ところが、さっそく問題がおきました。

「これ、弾力《だんりょく》があるね……」

医療《いりょう》機器メーカーから送られてきた材料のプラスチック樹脂《じゅし》は、人の体にふれるための特別なもので、これまでにあつかってきたものとは性質《せいしつ》がちがったのです。熱を加えても、ねばり気が強く、固まってしまいます。これでは、金型の中に広げるのがむずかしくなります。ためしに成形機で形をつくってみると、

「あっ、こびりついちゃってる」

できたサンプルは、求める長さの半分ほどにつぶれていました。

「金型の開く速度を、いまの倍の時間をかけてくれない？」

竹内《たけうち》さんは社員に指示《しじ》しました。金型をゆっくり開くことで、形がくずれないようにできるかもしれないと考えたのです。

「冷えるまでまって。電源《でんげん》切って、5分まって」

そうしてできた部品は、わずかに長さはでたものの、求める姿《すがた》にはほど遠いものでした。

「ええ〜。できるのかい?」

想像《そうぞう》以上の手ごわさに、竹内《たけうち》さんの口から弱気なことばが飛びだしました。

それから4日後。竹内《たけうち》さんは、ひとつのアイデアをためすことにして、社員に相談しました。

「金型のピンの中にね、さらにひと回り細いピンをしこんで、すき間をつくるんだ。そのすき間に空気を流しこむ。そうすれば、プラスチック樹脂《じゅし》がピンからはなれやすくなって、つぶれるのを防《ふせ》げるんじゃないか?」

竹内《たけうち》さんの話は、これまでにない冒険的《ぼうけんてき》な試みです。極細のピンを二重の構造《こうぞう》にすることは相当むずかしく、できたとしても、思うようになるとは言いきれません。

社員は竹内《たけうち》さんに聞きました。

■ 竹内《たけうち》さんのアイデア

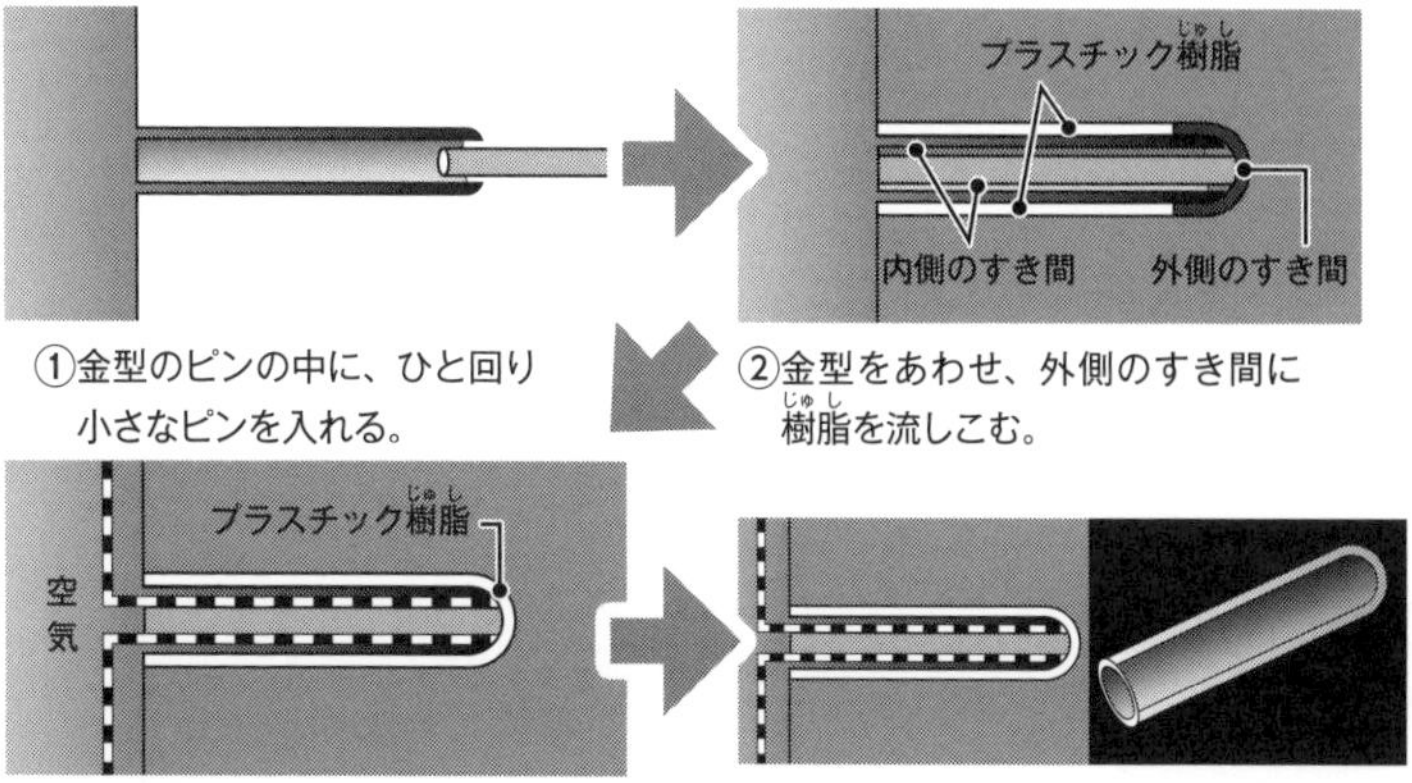

①金型のピンの中に、ひと回り小さなピンを入れる。
②金型をあわせ、外側のすき間に樹脂《じゅし》を流しこむ。
③内側のすき間に空気を流しこむ。
④空気が入ることでつぶれずひきだせる。

「ピンの内径はいくつ？」

「内径はコンマ5（0.5ミリ）。で、外側のピンの外径が1.3ミリ」

社員は、こまった顔をしています。

「ピンの加工はうちではできないんで、とりあえず聞いてみます」

ピンの加工は、専門《せんもん》の業者に依頼《いらい》することになりました。

「絶対《ぜったい》だいじょうぶと思っても、これまで何百回も何千回も失敗している。ただ、失敗することによって新たな解決《かいけつ》方法は見つかるよ。何もしなければ何も生まれないけども、失敗すれば、失敗の数だけ解決《かいけつ》方法があるから」

竹内《たけうち》さんはそう言いました。

むろん、ピンの加工をまつあいだ、工場でもほかのくふうがためされました。つぶれやすい樹脂《じゅし》を少しでも早く固めるため、金型に水や空気をとおす穴《あな》をあけて金型じたいを冷やしましたが、うまく解決《かいけつ》しません。

そうして7月も後半にさしかかった頃《ころ》、たのんでいたピンがようやく届《とど》きました。それは、特殊《とくしゅ》加工がほどこされた直径0.5ミリのピン。それを金型にさしこみます。

「だんだんいいかっこうになってきたよ！」

できたサンプルは、求める長さに少しずつ近づいてきました。

「これなら、竹村《たけむら》さんに、いい報告《ほうこく》ができるかもしれない！」

翌日《よくじつ》。福島《ふくしま》から竹村《たけむら》さんがやってきました。

ところが、目の前でつくってみせると、なぜか、前日までつくれていたレベルのものが、まったくできなくなっていたのです。樹脂《じゅし》が機械にからみつき、試作を続けることすらできません。

竹内《たけうち》さんの額《ひたい》に縦《たて》じわが寄《よ》ります。

「これ、続けてもしょうがないかな。ちょっと止めよう」

機械を止め、原因《げんいん》を考える竹内《たけうち》さん。

「金型を冷やしてるけれども……」

「温めてみる?」

と竹村《たけむら》さんも意見をだします。

「うん。ひょっとしたら。温めないとだめなんじゃないか?」

竹内《たけうち》さんも竹村《たけむら》さんと同じ考えでした。

「逆《ぎゃく》もやってみる必要あるね」

その後いろいろと意見をだし合いましたが、結局その日、打開策《だかいさく》は見つけられませんでした。

福島《ふくしま》へと帰っていく竹村《たけむら》さんを見送りながら、竹内《たけうち》さんは思っていました。

(竹村《たけむら》さんは、自分と同じ町工場。これからのきびしい時代を、息子とともに生きていこうとしている。竹村《たけむら》さんのように後継者《こうけいしゃ》がいて、次の世代に投資《とうし》できる人というのは、そんなに多くないだろう。竹村《たけむら》さんが実績《じっせき》をのこし、それを見て、第2

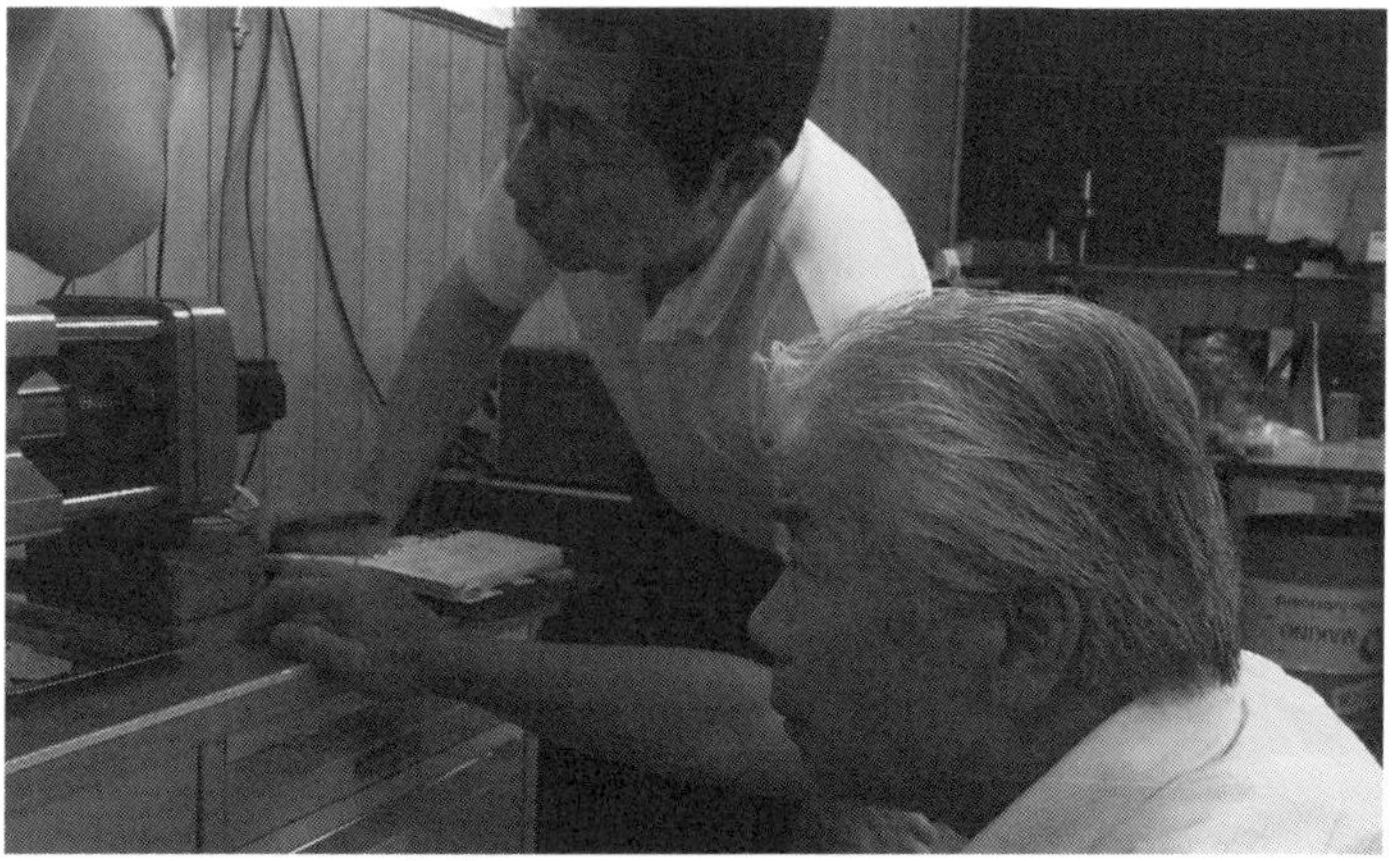

連日連夜試作を重ね、改善《かいぜん》した成形機を見守る。

第3の竹村《たけむら》さんが続いていく……。そのために少しでも力になりたい）

それから10日がすぎました。竹内《たけうち》さんは、連日連夜試作を続けていました。

わかってきたのは、金型にしこんでいるピンの位置や角度が、微妙《びみょう》な影響《えいきょう》を生んでいること。

「やっと、ここで、なんとか……」

通常《つうじょう》より、さらにシビアな精度《せいど》を求め、竹内《たけうち》さんは調整を続けました。

期限《きげん》の7月をすぎ、8月に突入《とつにゅう》。

8月11日、竹内《たけうち》さんの工場に再《ふたた》び竹村《たけむら》さんがやってきました。

独創力《どくそうりょく》こそ、工場の誇《ほこ》り

竹内宏《たけうちひろし》

今日は、医療《いりょう》機器メーカーが製品《せいひん》につかうと決めた黒いプラスチック樹脂《じゅし》で、本番同様の試作がおこなわれます。ここで結果をださねば、あとはありません。

成形機を見つめるふたりの町工場経営者《けいえいしゃ》の前に、できたての試作部品が姿《すがた》を見せました。

「お？」

手にとった竹内《たけうち》さんの声がはずみます。

「かっこうになるかも！　冷却《れいきゃく》時間を15秒から20秒くらいに」

竹内《たけうち》さんは、条件《じょうけん》を変えてさらにねばりました。

「形になってきたね」

金型から同じ形の部品が次々《つぎつぎ》と生みだされ、台の上に並《なら》べられていきます。

「いいね、いいね。こういう状態《じょうたい》ならいいよね。やっと形状《けいじょう》がでたね」

竹村《たけむら》さんはこらえきれず笑いだします。

そしてふたりはしばらくのあいだ、その部品を目を細めて見つめていました。

「これがスタートライン！」

と、竹村《たけむら》さんは試作した部品を両手で包み、

「今日はやっぱり、これをふところに入れてね。はははは」

うれしそうに笑います。

秋には、この機械が竹村《たけむら》さんの工場に納品《のうひん》され、息子の広一《ひろいち》さんは父からはなれてひとり立ちをめざします。

試作を終え、竹内《たけうち》さんは竹村《たけむら》さんを送っていきました。駅までの道、ふたりは並《なら》んで歩きながら、仕事の話はしませんでした。でも、町工場でふんばる男ふたり、胸《むね》にいだくのは同じ思い。それぞれの明日へと向かっていくのです。

プロフェッショナルとは

こびないこと、むれないこと、
属《ぞく》さないこと、それと、やめないこと。
やめない、あきらめない。
これができる方ではないかなと思っています。

第194回2011年12月19日放送

こんなところがプロフェッショナル！

独自《どくじ》のアイデアでオリジナルな金型にこだわる、竹内宏《たけうちひろし》さん。
こんなところがすごいよ。

仕事をいったん塩漬《しおづ》けにする

新製品《しんせいひん》の設計《せっけい》をしてアイデアにつまると、あえて考えるのをやめて、仕事をいったん「塩漬《しおづ》け」にするという竹内《たけうち》さん。そのまま続けて考えていても視野《しや》がせまくなり、自由な発想が浮《う》かばない。少し時間をおくことで、突然《とつぜん》アイデアが思い浮《う》かぶこともあるそうです。

知らないことを知っている集まり「アイデア工房《こうぼう》」

竹内《たけうち》さんは、さまざまな分野の専門家《せんもんか》を集めて「アイデア工房《こうぼう》」という集まりを開きます。前向きな考えの人たちとそこで議論《ぎろん》を戦わせることで、自分の処理能《しょりのう》力《りょく》以上のアイデアがでてくることがあると言います。

開発段階《だんかい》のアイデアも売りこむ

竹内《たけうち》さんは、製《せい》品《ひん》がまだ開発途《と》中《ちゅう》でも「できる」と言いきります。40パーセントくらいできるかなと思った時点で「できますよ」と宣言《せんげん》することが多いそうです。宣言《せんげん》することによって、逃《に》げ道《みち》をなくし、信念をもって開発に邁進《まいしん》するのです。

開発した製品《せいひん》を見にいく

竹内《たけうち》さんは、仕事の合間をぬって、開発した製品《せいひん》が実際《じっさい》につかわれているようすを見にいきます。竹内《たけうち》さんにとって、自ら手がけた独自《どくじ》製品《せいひん》は、自分の子どものように愛おしいそうです。そして、その製品《せいひん》が現場《げんば》でがんばることで、日本のものづくりの未来に役立つと信じているのです。

プロフェッショナルの格《かく》言《げん》

独自《どくじ》商品を開発する、竹内宏《たけうちひろし》さんのことばを心にきざもう。

二番せんじをじょうずにやってもだめ

二番せんじをいくらじょうずにやっても、だれも評価《ひょうか》してくれないと言う竹内《たけうち》さん。明日に備《そな》えてどこにもない製品《せいひん》を開発してこそ、時代を先どりできると考えます。

信念さえあれば開発できる

「これでひき下がるわけにはいかない。これで継続《けいぞく》を断念《だんねん》するわけにはいかない。そんな思いが信念に伝わってくるのでしょうね」どんなに困難《こんなん》な開発でも、強い信念をもって開発している竹内《たけうち》さんです。

何もしなければ何も生まれない

「何百回も何千回も失敗している。ただ、失敗することによって新たな解決《かいけつ》方法は見つかる。何もしなければ何も生まれないけれども、失敗すれば、失敗の数だけ解決《かいけつ》方法がある」と、竹内《たけうち》さんは言います。

突《つ》きつめたものにこそ、魅力《みりょく》は宿る

フィギュアメーカー社長

宮《みや》脇《わき》修《しゅう》一《いち》

その人がつくるのは、てのひらに乗る芸術品《げいじゅつひん》、フィギュア。
「本物かと思う」「生きているような躍動感《やくどうかん》！」
マニアもうなる、圧倒的《あっとうてき》なクオリティーだ。
大衆《たいしゅう》の好みにはなびかず、つくりたいものしかつくらない。
金のために信念を曲げた、過去《かこ》の自分がむなしかったから。
好きな場所でこそ輝《かがや》ける仲間たちとともに
よいと信じたものだけ生みだそう。
そのかわり、好きな気持ちはほかのだれにも負けはしない。
そんな思いは、いつしかフィギュアの業界全体を
ひっぱっていくほどの大きな流れになっていった。
好きなことを仕事にした、彼《かれ》らの闘《たたか》いの日々《ひび》に密着《みっちゃく》する。

✴秋葉原《あきはばら》の巨人《きょじん》

東京《とうきょう》・秋葉原《あきはばら》の街角で、路上で売られるカプセル入りのおもちゃに、熱いまなざしを向けている男の人がいます。

「あのー、写真とかって、撮《と》っちゃってもいいですか?」

彼《かれ》に気づいた女性《じょせい》が声をかけました。

「いいですよ」

笑顔で写真におさまると、こんどは近寄《ちかよ》ってきた男性《だんせい》からサインをたのまれ、快《こころよ》く応《おう》じています。

「うれしいです、宝物《たからもの》にします!」

そう言われて照れるのは、宮脇修一《みやわきしゅういち》さん。フィギュアづくりを手がけるフィギュアメーカー「海洋堂《かいようどう》」の社長です。

フィギュアは、人や動物、アニメなどのキャラクターの姿《すがた》を模《も》した人形です。宮《みや》脇《わき》さんの会社がつくっているフィギュアは品質《ひんしつ》の高さで知られ、マニアのあいだで彼《かれ》はちょっとした有名人なのです。

宮脇《みやわき》さんの会社があるのは、大阪《おおさか》府門真《かどま》市。屋上には2体の恐竜《きょうりゅう》、玄関《げんかん》の上には巨大《きょだい》な大魔神《だいまじん》がそびえ立っています。

朝9時。会社の駐車場《ちゅうしゃじょう》におかれたラジオから、音楽が流れはじめました。

「ラジオ体操《たいそう》第一～。よーい、はじめっ」

始業前に、社員そろって体操《たいそう》をするのが会社の決まりです。「みんな運動不足だから、せめて朝だけでも体を動かそう」と、宮脇《みやわき》さんが義務《ぎむ》づけました。

社員40人は、いずれおとらぬフィギュアマニア。仕事がはじまると、時間をわすれてのめりこむ人が多いのです。

フィギュアづくりのかなめは、「原型」をつくる作業です。

同じ形のフィギュアをたくさんつくるには、まず、粘土《ねんど》やパテなどを材料にして、フィギュアのもとになるひな形「原型」を用意します。原型の型をとり、その型に金属《きんぞく》を流しこんで金型をつくります。

■ フィギュアの原型から製品《せいひん》まで

実際《じっさい》にフィギュアがどのようにつくられ、製品《せいひん》として売りだされていくのかを紹介《しょうかい》します。

原型づくり

どんなフィギュアをつくるかを決めて、フィギュアの大もととなる「原型」をつくる。

↓

型どり

原型を量産するため、特《とく》殊《しゅ》な素《そ》材《ざい》の樹《じゅ》脂《し》で原型の型どりをする。

→

金型づくり

特殊《とくしゅ》な素材《そざい》の樹脂《じゅし》で型どりしたものに金属《きんぞく》を流し、金型をつくる。

↓

着彩《ちゃくさい》

金型づくりと同時に、でき上がった見本に色をつける。これが商品のパッケージにつかわれる完成見本や、工場で色をつけるときのサンプルになる。

→

工場量産・販売《はんばい》

金型をつかって工場で量産する。フィギュアのでき上がり。検品《けんぴん》や箱づめをして、商品として店に並《なら》ぶ。

写真：海洋堂

フィギュアのできは、大もととなる原型にかかっているといっても過言《かごん》ではありません。その原型をつくる人が「造形師《ぞうけいし》」。造形師《ぞうけいし》は、技術《ぎじゅつ》だけでなくセンスも求められるのです。

宮脇《みやわき》さんの会社の造形師《ぞうけいし》たちは、業界に名をとどろかせている精鋭《せいえい》ぞろいです。

たとえば、動物フィギュアの鬼《おに》とよばれるのが松村《まつむら》しのぶさん。どんな小さなフィギュアもきわめて精密《せいみつ》につくり上げ、生物の骨格《こっかく》からも、それが生きていた姿《すがた》をつくりだすことができます。その腕《うで》は動物学者も舌《した》を巻《ま》くほどです。

そんな松村《まつむら》さんのもとへは、一流博物館からもフィギュアづくりの依頼《いらい》がきます。

ニューヨークにあるアメリカ自然史博物館から寄《よ》せられたのは、恐竜《きょうりゅう》の骨格《こっかく》標本からその恐竜《きょうりゅう》の復元《ふくげん》モ

© KAIYODO

松村《まつむら》さんが手がけた恐竜《きょうりゅう》フィギュア。

デルをつくって欲《ほ》しいという注文でした。日本でも、福井《ふくい》県で出土した古代ワニの化石から復元模型《ふくげんもけい》をつくり上げ、博物館に収蔵《しゅうぞう》されています。また、生物に関するテレビ番組や、恐竜《きょうりゅう》イベントのための模型《もけい》も数多く手がけているのです。

可動式《かどうしき》フィギュアのエキスパートは、山口勝久《やまぐちかつひさ》さん。関節を動かせるフィギュアを得意とし、動かせる範囲《はんい》や角度、決めポーズへのこだわりに、大勢《おおぜい》のファンがとりこになっています。

これまでの動くフィギュアは、ただ関節が曲がったり、腕《うで》や脚《あし》がつけ根から回ったりするだけのものでした。

ⓒカラー

山口《やまぐち》さん作の可動式《かどうしき》フィギュア。

けれど山口《やまぐち》さんは、迫力《はくりょく》あるポーズを表《ひょう》現《げん》させるために、そのポーズのために必要な部分を動かせる「山口式可動《やまぐちしきかどう》」という造《ぞう》形《けい》フィギュアを考案したのです。

美少女フィギュアの世界で知らぬ者のない造形師《ぞうけいし》は、通称《つうしょう》「ボーメ」さん。

ⓒうたたねひろゆき／コミックハウス

ボーメさんの代表作「鬼娘《おにむすめ》」

イラストレーションやアニメーションの平面世界を、立体のフィギュアに生まれ変わらせるその技《わざ》には、だれもが注目しています。

とくにボーメさんは、イラストレーションやアニメーションの美少女キャラクターを、立体のフィギュアに生まれ変わらせました。

いまでは当たり前にある美少女フィギュアですが、そのジャンルを築《きず》き上げた人なのです。ボーメさんこそが、すでにあるキャラクターだけでなく、自分自身で美少女キャラクターを生みだすこともあります。そのフィギュアも、ファンの間で大人気です。

そんなボーメさんのつくりだす美少女フィギュアは、海外でも高く評価《ひょうか》されています。１９９８年には、ニューヨークのアートギャラリーで作品展《さくひんてん》をおこない、２００１年には、パリのカルティエ美術館《びじゅつかん》からポピュラーアート展《てん》への出展《しゅってん》を依頼《いらい》されて、5つの美少女フィギュアを展示《てんじ》。これはもはやアートだと、見た人をおどろかせました。

そして、ウルトラマンなどの特撮《とくさつ》ヒーローのフィギュアをつくらせたら、右に出るものはいないスゴ腕造形師《うでぞうけいし》は、木下隆志《きのしたたかし》さん。

木下《きのした》さんの表現力《ひょうげんりょく》は思わぬ分野でも発揮《はっき》され、ことに評判《ひょうばん》になったのが、国宝《こくほう》「阿修羅像《あしゅらぞう》」のフィギュアです。ポーズはもちろん、細やかな表情《ひょうじょう》や欠けた箇所《かしょ》までを忠実《ちゅうじつ》に再現《さいげん》。東京《とうきょう》国立博物館での「国宝《こくほう》　阿修羅展《あしゅらてん》」で発売され、約2週間ですべて売り切れてしまいました。

こうした個性派《こせいは》ぞろいのスタッフを率《ひき》いて、次々《つぎつぎ》とヒット商品を生みだしてきたのが、社長である宮脇《みやわき》さんでした。

ある日、宮脇《みやわき》さんは、会社の開発部の

© KAIYODO

木下《きのした》さんが手がけた「阿修羅像《あしゅらぞう》」。

部長と、これから販売《はんばい》するフィギュアについて話をはじめました。つくろうとしているのは、日本の各地域《かくちいき》に生息する動物シリーズ。値段《ねだん》はひとつ300円。ふたりは四国《しこく》地方の動物を8種類選んでいました。

「カワウソは絶対《ぜったい》つくるんやけど、それ以外は……」

と宮脇《みやわき》さんが言うと、

「クジラを入れて欲《ほ》しいな」

と、部長。

「土佐《とさ》のクジラか。クジラといえばニタリクジラかマッコウクジラのどっちかやね」

ふつう、ものをつくる会社は、いま世の中でどんなものがはやっているか、消費者がどんなものを欲《ほ》しがっているかを事前に調べます。つくっても売れないところからです。でも、宮脇《みやわき》さんたちは、その調査《ちょうさ》をいっさいしません。

「ウナギはだめ。細いやつってのは、フィギュアにしたとき映《は》えないから」

「ヘビほどウニュウニュしてくれりゃいいけど、確《たし》かにウナギはとぐろを巻《ま》けるわけでもないからね」

自分たちならではの感覚で、ピンとくるものを決めていきます。

中でも宮脇《みやわき》さんが強く興味《きょうみ》をひかれたのは、「ヒラズゲンセイ」という昆虫《こんちゅう》でした。四国《しこく》の地元でもあまり知られていない虫でしたが、

「体が全身真っ赤というのがおもしろそう！」

と、インパクトで選びました。

どんなフィギュアをつくるか考えるとき、宮脇《みやわき》さんたちにはけっしてぶれない基準《きじゅん》があるのです。

〝客が欲《ほ》しがるもの〟ではなく、〝自分が欲《ほ》しいもの〟をつくる

「人が欲《ほ》しいものを提供《ていきょう》するんじゃなくて、ぼくらのほうから提案《ていあん》したい。『こんなおもしろいもんあるぞ、ほら、おまえらもぼくらといっしょに楽しめや』、と。自分たちのつくった好きなものを世の中に生みだして、評価《ひょうか》されたいんだ」

会社のメンバーだれもが、そう思っています。

突《つ》きつめたものにこそ、魅力《みりょく》は宿る

宮脇修一《みやわきしゅういち》

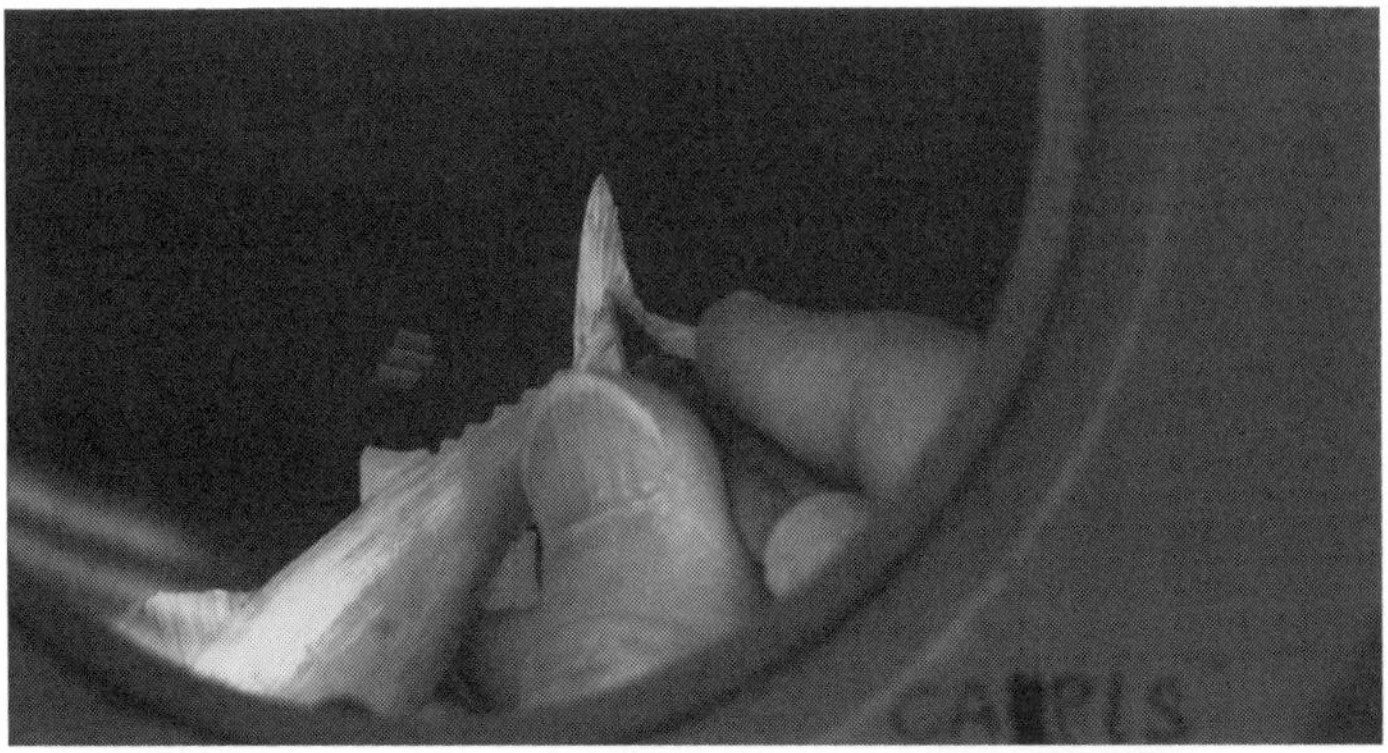

マサバの原型制作《せいさく》。1ミリ以下の間隔《かんかく》ですじをきざみこむ匠《たくみ》の技《わざ》。

自分が欲《ほ》しいものしかつくらない。そのかわり、つくるものの品質《ひんしつ》には、絶対《ぜったい》に妥協《だきょう》しません。「それでええんか？　それでええんか？」と、自らに問い続けながら、自分たちが納得《なっとく》できるまでつくり直します。わずか３００円で売るフィギュアでも、期日ぎりぎりまでねばってよいものをつくろうとするのです。

たとえばその日はこんな仕事が進行中でした。

魚の「マサバ」のフィギュアをつくっているのは、造形師《ぞうけいし》の寺岡邦明《てらおかくにあき》さん。デスクの上には、本物のマサバをおき、それを見ながら、尾《お》びれにあるすじを１本１本、１ミリよりせまい間隔《かんかく》できざんでいました。

「魚によって尾《お》びれの形はちがうし、すじの入り方もちがう。やっぱりそこは適当《てきとう》ではまずいと思うんだ」

そう言いながら寺岡《てらおか》さんは、人が気づかないような細部まで、けっしておろそかにしませんでした。

かたや、生物フィギュアの色つけを担当《たんとう》していた古田悟郎《ふるたごろう》さんは、手がける生き物の情報《じょうほう》を得るためにあらゆる手をつくします。海外の文献《ぶんけん》を調べたり、知り合いの研究者に聞いてみたり。参加費をはらって、は虫類学会などに出席することもあります。学会は、学者が集まって研究の成果などを発表する場。古田《ふるた》さんは、そこで最新情報《じょうほう》を集めているのです。

今回新たにつくりはじめた四国《しこく》の昆虫《こんちゅう》「ヒラズゲンセイ」にも、そのこだわりはつらぬかれました。

ヒラズゲンセイを担当《たんとう》した造形師《ぞうけいし》の松村《まつむら》さんは、その特徴《とくちょう》であるあごを、より印象的にしたいと考え、そこだけ縮尺《しゅくしゃく》よりもわずかに大きくつくることにしました。

「メスをつかまえたり、オス同士が闘《たたか》ったりする虫だから、真っすぐよりもちょっと

突《つ》きつめたものにこそ、魅力《みりょく》は宿る

宮脇修一《みやわきしゅういち》

完成したヒラズゲンセイの原型。まるで生きているよう。

顔を下にしてあごも全開という、そういうほうが〝らしい〟かなと思う。そのほうがかっこいい」

そう言うと、図鑑《ずかん》では閉《と》じていたあごを、大きく開かせることにしたのです。

社員をまとめている宮脇《みやわき》さんは、実際《じっさい》の作業がはじまったら、造形師《ぞうけいし》に細かな注文はだしません。

「造形師《ぞうけいし》の、つくろうとするものに対する自分なりの考えや、表現《ひょうげん》のしかたのちがいこそが、フィギュアの個性《こせい》や魅力《みりょく》になるから」

そう考えているのです。

完成したヒラズゲンセイの原型は、まるで生きているような、躍動感《やくどうかん》あふれる姿《すがた》に仕上がりました。

✳空虚《くうきょ》な日々《ひび》

「これ見てるだけで、ご飯が3杯《ばい》、食べられるなあ」

今日も宮脇《みやわき》さんは、自分のデスクでフィギュアを手にし、その姿《すがた》を愛《め》でています。

「うーん、いいねえ。この辺の重なり具合とか、この演出《えんしゅつ》具合はたまらんねえ。見てるだけで幸せな気分になって、心が豊《ゆた》かになるわ」

宮脇《みやわき》さんは仕事にメリハリをつけるため、勤務《きんむ》は夕方6時までと決めています。でもそのあとも、しばらくは会社にのこって、仕事ではないフィギュアづくりに熱中します。

その日は、体長1メートルほどのゴジラのフィギュアに、色を塗《ぬ》っていました。

「口の中だけツヤありにしたいね、ギトギトにね。ギラギラ光らせよう」

ひとしきり遊んで、帰宅《きたく》したのは夜10時。

「はい、ただいま〜」

玄関《げんかん》をくぐると、そこからまた趣味《しゅみ》の模型《もけい》をつくりはじめます。その夜うれしそ

夜、自宅《じたく》にもどってからも、趣味《しゅみ》で模型《もけい》をつくる宮脇《みやわき》さん。

うに色をつけていたのは、戦艦《せんかん》の模型《もけい》。秋葉原《あきはばら》の模型店《もけいてん》で、「心の栄養！」と言いながら山積みで買ってきた模型《もけい》のひとつです。

お盆《ぼん》も正月も関係なく、３６５日24時間、フィギュアに関わる宮脇《みやわき》さん。そこには、たんに好きだという理由を超《こ》えた、ひとつの戦いがありました。

〝好き〟にかけて、だれにも負けない

「好きなことを仕事にしていくという闘《たたか》いをはじめてしまった以上、甘《あま》えることはできない。その程度《ていど》のことで、好きと言うとったらアカンやろ」

宮脇《みやわき》さんは、つねに自分をいましめます。

フィギュアファンは、それが大好きで、きびしい目と強いこだわりをもっている人がたくさんいます。そんなマニアを大勢《おおぜい》相手にし、それでもなお「さすがだ！」と言わせる仕事をしたいのです。

「そのためには、だれよりも自分が、フィギュアにのめりこまないと！　そうやってどんどんどんどん、細く深く入りこんで追求する。研究者・探求者《たんきゅうしゃ》でなければいけない。それが、オタク資質《ししつ》をもってしまった者の宿命やね」

宮脇《みやわき》さんは、いつもそう言って笑います。

好きなことを仕事にする宮脇《みやわき》さんの生き方は、いつ頃《ごろ》からどのように育まれたのでしょ

模型《もけい》づくりにのめりこんでいった少年時代の宮脇《みやわき》さん。

うか。

宮脇《みやわき》さんがフィギュアへの道を歩みはじめたのは、7歳《さい》のときでした。マグロ漁《りょう》師《し》や貸本屋《かしほんや》をやっていた父が、模型店《もけいてん》をはじめたのがきっかけでした。戦艦《せんかん》や戦車、車などの模型《もけい》は、少年にとっては宝《たから》の山。それに囲まれた宮脇《みやわき》さんは、模型《もけい》づくりの腕《うで》をめきめき上げていきました。

おとなの客の相談にも乗るほどで、中学卒業とともに、宮脇《みやわき》さんは迷《まよ》わず父の店で働きはじめました。模型《もけい》を売りながら、そのつくり方や楽しみ方を、客に手とり足とり教えていったのです。

「好きなことで暮《く》らしていける！」

そう喜びましたが、それは思いえがいたような楽しい道ではありませんでした。

動力つきの自動車模型《もけい》「スロットカー」を走らせるためのサーキット場をオープンさせたものの、やがて模型《もけい》ブームは終わり、店は大赤字となってしまいます。

貸金業者《かしきんぎょうしゃ》からお金を借りてやりくりしようとしましたが、家賃《やちん》の支払《しはら》いだけで月に50万円が消え、お金を返すことができません。

知り合いに「お金を貸《か》してください」とたのんで回ると、その人たちは、頭を下げる宮脇《みやわき》さんをあざ笑ったのです。

「模型屋《もけいや》なんてやっていけるはずがないから、店をたたんだら？」

宮脇《みやわき》さんは思い知りました。

（みんな、模型屋《もけいや》ごときにお金を貸《か》すものかと思ってる。この仕事は、信用もされていないし、みとめられてもいないのか……）

やむを得ず、宮脇《みやわき》さんは店の空きスペースに当時流行していたゲーム機をおいてみました。すると、急に客が増《ふ》えはじめたのです。

利益《りえき》は上がりはじめましたが、宮脇《みやわき》さんは複雑《ふくざつ》な気持ちでした。

「何もせんと、『はいジャラジャラー』と勝手に機械がお金を上げてくれる。正直、負けたなぁ……」

好きな模型《もけい》では食べていけない。そのくやしさにもんもんとしながら、毎日がただむなしくすぎていきました。

そんなある日。なじみの客が、不思議なものをもってきました。

「歯医者で歯形をとるためにつかう道具だよ。これをつかえば、自分でつくったフィギュアを、精密《せいみつ》に複製《ふくせい》することができるんだ」

宮脇《みやわき》さんに衝撃《しょうげき》が走りました。

「大手メーカーでもない自分たちでも、原型さえつくれば、フィギュアの製造元《せいぞうもと》になれるのか！」

つくりたいものはいくらでもあります。すぐに仲間に声をかけ、大手がつくらないような、マニアックなフィギュアをつくりはじめました。

そうして27歳《さい》のとき、宮脇《みやわき》さんはひとつの決意を固めたのです。

「だれもまねできないものをつくる仕事に、自分のすべてをかける！」

そして、あとにはひけないように、ゲーム機を店から撤去《てっきょ》し、プラモデルの販売《はんばい》もやめてしまいました。自分の時間のすべてを、フィギュアの企画《きかく》と制作《せいさく》についやすことにしたのです。

すると数か月後。宮脇《みやわき》さんの店には、腕《うで》におぼえのある客たちが、自分のフィギュア作品をもち寄《よ》って競いはじめるようになりました。

いま、同じ会社で働く造形師《ぞうけいし》のボーメさんは、当時学生ながら、熱心に店にかよっていた人です。動物フィギュアに天才的な才能《さいのう》を見せる松村《まつむら》さんも、イラストレーターの仕事をしながら店に顔をだしていました。

「みんな、ぼくよりはるかにフィギュアづくりがうまい」

けれど宮脇《みやわき》さんは、不思議とくやしくありません。それより、こう思ったのです。

「彼《かれ》らがつくるフィギュアを世にだしたい!」

宮脇《みやわき》さんは、制作《せいさく》はみんなにまかせ、商品の企画《きかく》と販売《はんばい》に取り組みはじめました。

とりわけ力を入れたのが、松村《まつむら》さんの動物フィギュアでした。一流の腕《うで》にもかかわらず、「動物」というジャンルじたいに人気がなくて、思うように売れなかったからです。

それでも宮脇《みやわき》さんは、売上げのことで松村《まつむら》さんをせめることはいっさいしませんでした。

「松村《まつむら》君のすごさは本物だ。存在《そんざい》じたいがずばぬけている」

博物館に売りこみをかけるなど、魅力《みりょく》を知ってもらう努力を続けたのです。


そうして13年がたったある日、お菓子《かし》メーカーからこんな話が舞《ま》いこみました。

「お菓子《かし》のおまけをつくってくれませんか」

それは、卵型《たまごがた》のチョコレートの中に入れるおまけでした。

ヨーロッパやアメリカには、卵型《たまごがた》のチョコの中におもちゃが入っているお菓子《かし》がよくあります。日本でも、チョコを割《わ》るまでどんなおまけが入っているかわからないお菓子《かし》をつくれば、子どもたちが夢中《むちゅう》になるとメーカーは考えていたのです。

ところが、試しにつくって販売《はんばい》してみたものは、あまりよい評判《ひょうばん》になりませんでした。肝心《かんじん》のおもちゃの質《しつ》が悪かったからです。そこで、宮脇《みやわき》さんの会社にフィギュアをつくってくれないかと依頼《いらい》したのです。

宮脇《みやわき》さんは、こう提案《ていあん》しました。

「そのおまけは、動物フィギュアにしませんか？」

© KAIYODO

松村《まつむら》さんが手がけたチョコのおまけ。

担当《たんとう》する造形師《ぞうけいし》はもちろん、〝動物オタク〟の松村《まつむら》さんです。技術《ぎじゅつ》だけでなく、どんな動物をフィギュアにするかという松村《まつむら》さんならではの選択《せんたく》にも、きっと多くの人がハマるはずだと考えたのです。

ところがメーカーは、「動物」と聞いてあまり気が進みませんでした。そのころは、キャラクターものが人気の時代だったので、動物のおまけを欲《ほ》しがる人がいるだろうかと不安だったからです。それでも宮脇《みやわき》さんは「動物でいきたい」と説得を重ね、メーカーは根負けして、ゴーサインをだしたのです。

松村《まつむら》さんは、さっそく24種類のフィギュアをつくりました。タンチョウ、ツキノワグマ、オコジョ、アカハライモリ、ジンベエザメ、ニホンイシガメ、アマミノクロウサギ……。日本に生息する動物たちのフィギュアは、どれも本物そっくりで、まるで立体の動物図鑑《ずかん》です。

チョコはじわりじわりと売れはじめました。すると間もなく、思わぬことがおきたのです。

「チョコのおまけに、すごいものが入っている！」

そう気づいたのは、動物や博物学の専門家《せんもんか》たちでした。すぐに業界内で評判《ひょうばん》となり、そうこうするうちに、とある昆虫館《こんちゅうかん》が、「いっしょに企画展《きかくてん》をおこないたい」とお菓子《かし》メーカーに依頼《いらい》してきました。

宮脇《みやわき》さんはおどろきましたが、松村《まつむら》さんの腕《うで》を思えば、当然だとも思いました。松村《まつむら》さんのフィギュアは、生物の体や生態《せいたい》をよく知る人をもうならせるほどのできばえだということが、これではっきりしたわけです。

こうした評判《ひょうばん》を聞きつけ、テレビや雑誌《ざっし》などがこのチョコの話題をとり上げるようになると、フィギュア入りのチョコレートは爆発的《ばくはつてき》に売れはじめました。子どもだけでなくおとなまでが夢中《むちゅう》になり、全種類のコレクションをはじめる人も続出しました。こうしてチョコレートは総計《そうけい》1億3000万個《まんこ》も売り上げたのです。

これをきっかけに、宮脇《みやわき》さんたちのフィギュアと「海洋堂《かいようどう》」の名前は、一部のマニアたちのあいだだけでなく、広く一般《いっぱん》の人にも知られるようになりました。会社の存在感《そんざいかん》は一気に高まり、自分たちが主体となってつくるものを選んだり、できたものに会社の名前をきちんとつけたりすることも、できるようになったのです。

この経験《けいけん》から、宮脇《みやわき》さんは覚悟《かくご》を決めました。

好きにかけて、負けてたまるか

「けっして楽な道ではない。さげすまれることもある。でも、好きな場所でこそ輝《かがや》ける、自分と仲間がいる。だれがどう思おうと、こんな人生は楽しい！」

宮脇《みやわき》さんは、いまもそんな仲間を増《ふ》やそうとしています。

そのひとつが、現在《げんざい》は宮脇《みやわき》さんたち海洋堂《かいようどう》が主催《しゅさい》している「ワンダーフェスティ

突《つ》きつめたものにこそ、魅力《みりょく》は宿る

宮脇修一《みやわきしゅういち》

写真：海洋堂

世界最大のフィギュアのイベント「ワンダーフェスティバル」。

バル」というフィギュアや模型《もけい》のイベントです。プロ・アマチュアを問わずフィギュアなどをつくっている人たちが集って、自分たちのつくる作品を見せたり販売《はんばい》する場で、毎年2回、日本で開催《かいさい》されています。その規模《きぼ》は年々《ねんねん》大きくなっており、いまではフィギュアのイベントとして世界最大のものになりました。

このイベントがはじまったのは1980年代。「自分たちの本当に欲《ほ》しい圧倒的《あっとうてき》な質《しつ》の模型《もけい》をつくり、そのできをみんなに見て欲《ほ》しい」という思いからはじまったものでした。

回を重ねるごとに模型《もけい》やフィギュア好きの一般《いっぱん》の人にも知られるようになり、次第に大規模《だいきぼ》な会場でおこなわれ、お祭り状態《じょうたい》の大人気イベントになっていきました。

宮脇《みやわき》さんにとって、イベントの規模《きぼ》が大きくなることは夢《ゆめ》にまで見た光景でした。

これまでマニアだけのものだった模型《もけい》の世界が、広く一般《いっぱん》の人にも知られ、みとめられるようになったのです。

ただ、同時に不安も感じはじめました。

ポピュラーになったワンダーフェスティバルでは、模型《もけい》やフィギュアのつくりのすばらしさよりも、その作品が人気のあるキャラクターかどうかということのほうがもてはやされるようになってきたからです。

それは宮脇《みやわき》さんたちが望んでいることではありません。たとえだれも知らないオリジナルの造形物《ぞうけいぶつ》だとしても、ほかを圧倒《あっとう》するほどの質《しつ》のよい作品と、それをつくれる人に出会いたいのです。

そこで宮脇《みやわき》さんたちは、フェスティバルの人混《ひとご》みの中に有能《ゆうのう》な人がうもれないように、キラリと光る本物の才能《さいのう》を見いだし、世に送りだすしくみを考えました。「ワンダーショウケース」とよばれるプロジェクトです。

突《つ》きつめたものにこそ、魅力《みりょく》は宿る

宮脇修一《みやわきしゅういち》

©ラグランジェ・プロジェクト

航空機模型《もけい》の作者に話を聞く宮脇《みやわき》さん。

ある週末、宮脇《みやわき》さんは東京《とうきょう》で、ひとりの男《だん》性《せい》と会っていました。

航空機模型《もけい》の作者、通称《つうしょう》「イグルーシカ」さんという、ワンダーショウケースで宮脇《みやわき》さんたちが発掘《はっくつ》した人です。

「オリジナル航空機をこれまでもつくってはったんですか？」

「そうですねえ。あと、ゲームにでてくるものをつくったり」

宮脇《みやわき》さんは、彼《かれ》がつくった戦闘機《せんとうき》の模型《もけい》をじっくり見ながら、材料やつくり方を細かく質問《しつもん》していました。

「この曲面の素材《そざい》は？」

「プラ板をつかってます」

「プラ板だけで？　積層《せきそう》で？」

プラスチックの板をはりあわせて厚《あつ》く積層《せきそう》したものを、鉄やすりで少しずつけずり、そうして架空《かくう》の戦闘機《せんとうき》や戦闘機《せんとうき》に変形するロボットなどをつくっているという男性《だんせい》に、宮脇《みやわき》さんはワクワクしていました。その手法は、フィギュアの世界では1980年代のもので、そのようなつくり方をする人はもういないと思っていたからです。

（まさに絶滅危惧《ぜつめつきぐ》のつくり手だ。しかもこのクオリティーとは！）

宮脇《みやわき》さんはその人のつくった戦闘機《せんとうき》に見入りながら、懐《なつ》かしさだけでなく新しさも感じていました。

このときのワンダーフェスティバルに参加した売り手は1866人。そのうち、ワンダーショウケースで発掘《はっくつ》されたつくり手は、イグルーシカさんをふくめて3名でした。

宮脇《みやわき》さんは、本人が望めば、こうしたつくり手の作品を、費用を負担《ふたん》して製品化《せいひんか》

突《つ》きつめたものにこそ、魅力《みりょく》は宿る

宮脇修一《みやわきしゅういち》

しようと考えています。才能《さいのう》のある人を見つけて世にだすことは、ワンダーフェスティバルに参加している大勢《おおぜい》の人たちの刺激《しげき》になり、もしフリーマーケットに出品するような軽い気分の人がいるとしたら、その気持ちに活を入れることにもなるでしょう。

宮脇《みやわき》さんは、自分がこの世界に入ったときのような、「自分が本当に欲《ほ》しい、圧《あっ》倒的《とうてき》な質《しつ》の作品をつくる」というフィギュアづくりの精神《せいしん》を消したくないのです。

ワンダーフェスティバルへの出展《しゅってん》の数は、ゆるやかながらも年々《ねんねん》増《ふ》えています。原型からフィギュアをつくる従来《じゅうらい》の造形《ぞうけい》だけでなく、デジタルで原型をつくるデジタル造形《ぞうけい》という新たな波もあとおしし、そのクオリティーや造形《ぞうけい》の幅《はば》は拡大《かくだい》していくと、宮脇《みやわき》さんは実感しています。

いまでは、フィギュアを学問として教える美術系《びじゅつけい》の大学や専門学校《せんもんがっこう》も増《ふ》えてきていて、これからますますフィギュアが市民権《しみんけん》を得ていくことに、うたがう余地《よち》はありません。

しかしその一方で、これだけ多くの作品の中からワンダーショウケースに選ばれた作家たちの作品が、ワンダーフェスティバル自体では思うほど注目されていないということも、現実《げんじつ》なのだと宮脇《みやわき》さんは言います。

「フィギュアの業界自体が拡大《かくだい》してきたことで、造形《ぞうけい》の質《しつ》、作家のこだわりや個性《こせい》、本来のフィギュアのもつ美しさなどが全体にうすまっている……。それでも、ぼくがワンダーフェスティバルの代表でいるあいだは、ひたすらそういった造形《ぞうけい》の本質《ほんしつ》、造形《ぞうけい》のスピリッツをつらぬいて、イベントに参加している人たちにその思いを伝えていきたい」

フィギュアにちょっと興味《きょうみ》があるという初心者に向けてのしかけも考え続けていきたいと、宮脇《みやわき》さんはつねに前を向いています。

「もうひとがんばり、ふたがんばり、さんがんばりせなあかんね」

好きなことを仕事にする闘《たたか》いは、まだまだ続いていくのです。

突《つ》きつめたものにこそ、魅力《みりょく》は宿る

宮脇修一《みやわきしゅういち》

プロフェッショナルとは

その世界において、かえがきかない人間。それは高い才能《さいのう》をもったり、すばらしい製作能力《せいさくのうりょく》をもったり、情熱《じょうねつ》をもったりして、ひたすらですね、自分に対して問題意識《いしき》をもって、前に進み続けることができる、そういう人間だと思います。

第206回2013年7月8日放送

こんなところがプロフェッショナル！

フィギュアに情熱《じょうねつ》を燃《も》やす、宮脇修一《みやわきしゅういち》さん。
こんなところがすごいよ。

模型《もけい》の疲《つか》れは模型《もけい》でとる

仕事のあとも、休みの日にもフィギュアと関わる宮脇《みやわき》さん。出張《しゅっちょう》があると、出張先《しゅっちょうさき》にプラモデルを事前に送っておき、制作《せいさく》にのめりこむ徹底《てってい》ぶりです。

あるものへの不満、ないことへの不満

宮脇《みやわき》さんがフィギュアをつくろうと思った出発点は、現状《げんじょう》のフィギュアへの不満からでした。「自分だったらこうやってつくる」「ないものはつくってしまおう」という気持ちは、いまもだいじな原動力になっています。

本物よりも本物らしく

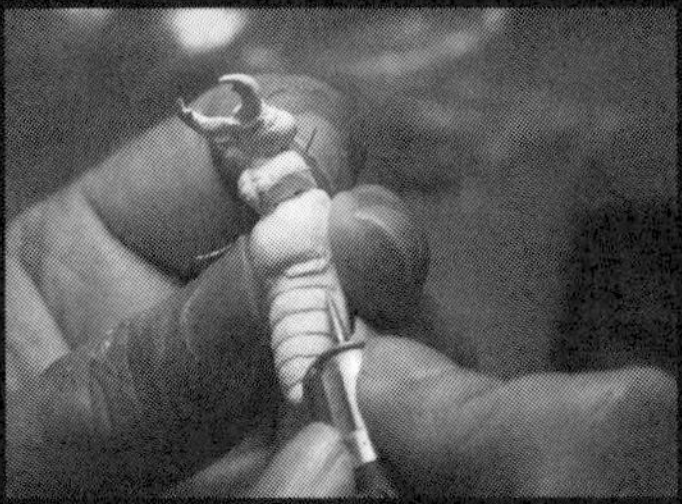

実物を小さくするフィギュアで実物のようなインパクトをあたえるには、実物のコピーではなく、印象を大切にする。それが、「本物より本物らしい」と言われる、リアルなフィギュアをつくりだしています。

大学で教鞭《きょうべん》をとる

2013年から芸術系《げいじゅつけい》の大学で教授《きょうじゅ》として、フィギュアのつくり方や業界についてなどを教えている宮脇《みやわき》さん。生徒たちにも、好きなことを追求してフィギュアづくりをして欲《ほ》しいと考えています。

プロフェッショナルの格《かく》言《げん》

フィギュアメーカー社長、宮脇修一《みやわきしゅういち》さんのことばを心にきざもう。

自分が欲《ほ》しいものしかつくらない

宮脇《みやわき》さんたちがフィギュアをつくるとき、世の中の流行や、人が欲《ほ》しいものなどの調《ちょう》査《さ》はしません。自分たちが本当に欲《ほ》しいと思うものを徹底的《てっていてき》にこだわって、つくり上げていくのです。

〝好き〟にかけてだれにも負けない

「好きなことを仕事にしている以上、甘《あま》えることはできない」と宮脇《みやわき》さんは言いきります。だれよりも深く、研究と探求《たんきゅう》をすることが、オタク資質《ししつ》をもったものの宿命だと考えているからです。

それでええんか？と問い続ける

納得《なっとく》できるクオリティーを追求するため、まずは精密《せいみつ》に精密《せいみつ》に。細部までつきつめ、「それでええんか？それでええんか？」と自分に問い続ける。宮脇《みやわき》さんは、こうしてこだわりぬいたものを世に送りだすのです。

NHK
プロフェッショナル
仕事の流儀

■執　筆　金田妙
■編集協力　株式会社 NHK出版
■デザイン・レイアウト　有限会社チャダル
■イラスト　門司美恵子、池下章裕
■協　力　株式会社 NejiLaw、井上特殊鋼株式会社、株式会社山崎機械製作所、
筑波大学サイバニクス研究センター、CYBERDYNE 株式会社、
宇宙航空研究開発機構（JAXA）、株式会社新興セルビック、
ゼブラ株式会社、オリンパス株式会社、株式会社海洋堂
■写真協力　筑波大学サイバニクス研究センター、CYBERDYNE 株式会社、
読売新聞社、株式会社海洋堂
■校　正　田川多美恵
■編　集　株式会社アルバ
■カバーイラスト　usi

NHK プロフェッショナル 仕事の流儀 3
創造するプロフェッショナル

発　行　2018 年 4 月　第 1 刷

編　者　NHK「プロフェッショナル」制作班

発行者　長谷川 均
編　集　崎山貴弘
発行所　株式会社ポプラ社
〒160-8565　東京都新宿区大京町 22-1
振　替：00140-3-149271
電　話：03-3357-2212（営業）
03-3357-2635（編集）

ホームページ　www.poplar.co.jp
印刷・製本　中央精版印刷株式会社

N.D.C.916/191 P /20cm　ISBN 978-4-591-15759-6
Printed in Japan